知行

STEP INTO PRACTICE

经济汉语系列教材

JINGJI HANYU XILIE JIAOCAI

总 主 编：翟宜疆

副总主编：段　沫

本册主编：段　沫

本册编著：段　沫

朱　虹

商务汉语综合教程

微观篇

SHANGWU HANYU ZONGHE JIAOCHENG

WEIGUANPIAN

北京语言大学出版社

BEIJING LANGUAGE AND CULTURE UNIVERSITY PRESS

图书在版编目（CIP）数据

商务汉语综合教程．微观篇 / 翟宜疆总主编 ；段沫分册主编 ；段沫，朱虹本册编著．-- 北京：北京语言大学出版社，2023.6（2025.3重印）
知行·经济汉语系列教材
ISBN 978-7-5619-6278-7

Ⅰ.①商… Ⅱ.①翟… ②段… ③朱… Ⅲ.①商务－汉语－对外汉语教学－教材 Ⅳ.①H195.4

中国国家版本馆 CIP 数据核字（2023）第 101896 号

商务汉语综合教程·微观篇
SHANGWU HANYU ZONGHE JIAOCHENG · WEIGUANPIAN

排版制作：北京创艺涵文化发展有限公司
责任印制：周 燚

出版发行：北京语言大学出版社
社　　址：北京市海淀区学院路 15 号，100083
网　　址：www.blcup.com
电子信箱：service@blcup.com
电　　话：编 辑 部　8610-82303647/3592/3395
　　　　　国内发行　8610-82303650/3591/3648
　　　　　海外发行　8610-82303365/3080/3668
　　　　　北语书店　8610-82303653
　　　　　网购咨询　8610-82303908
印　　刷：天津鑫丰华印务有限公司

版　　次：2023 年 6 月第 1 版　　印　　次：2025 年 3 月第 3 次印刷
开　　本：889 毫米 × 1194 毫米　1/16　　印　　张：18.5
字　　数：264 千字　　定　　价：88.00 元

PRINTED IN CHINA
凡有印装质量问题，本社负责调换。QQ 号 1367565611，电话 010-82303590

总 前 言

为满足国际社会对专业型汉语人才日益迫切的需求，顺应留学生学历教育深化发展的趋势，上海交通大学于2008年在汉语言专业中增设商务汉语和金融汉语两个专业方向，并明确了“知识、能力、素质三位一体”的培养目标。在随后的研究和教学中我们意识到，编写一套“知行合一”的汉语教材，不仅是一校、一专业所需，更是国际中文教育事业在实践和发展中的呼唤。在前期课程讲义和研究的基础上，教材的编写正式启动，经多轮试用、修改，于今付梓成书，定名“知行·经济汉语系列教材”。

本系列教材共7册，涉及商务和金融领域常见话题，包含体现各专题基本概念的词汇和句式。在语言技能训练和知识讲解上，7册各有侧重又紧密关联。具体包括：《商务汉语综合教程》（宏观篇、微观篇）、《金融汉语综合教程》（上、下）、《商务汉语听说教程》、《商务汉语写作教程》、《中国商务文化教程》。

一、适用对象

本系列教材适用于高等学校汉语言专业商务及金融方向的相关课程，以及经济类专业留学生的汉语必修课，也可供部分有汉语基础（达到HSK 5级水平）的外籍商务及金融行业从业人员和高年级汉语进修生选用。

二、教材定位

本系列教材是学历留学生从基础汉语学习转向商务及金融类专业学习的桥梁，同时也是高级汉语进修生和外籍从业人员结合自身实际工作需求进一步提高汉语综合运用能力的良好媒介。

教材力求将“知识、能力、素质三位一体”的顶层设计目标具体化并落到实处，可作为专业课程体系中的“商务汉语综合”“金融汉语综合”“商务汉语听说”“商务汉语写作”“中国商务文化”等课程的配套教材。大纲项目、教材内容、体例设计力求体现多项知识能力和素质指标的培养要求，知识方面强调商务汉语知识、经贸专业知识，能力方面重点突出商务汉语听说读写分项能力、运用汉语处理商务业务的综合能力以及跨文化交际能力。此外还兼及团队协作精神、国际化视野等素质的培养。

三、教材目标

本系列教材的根本目标是培养学习者使用汉语进行商务交际的语言能力。主要帮助学习者整合汉语听、说、读、写各项语言技能，继续提高综合运用汉语的能力，同时逐步学习和掌握一些最基本的商务及金融专业相关知识，如一些基础概念和术语、基本原理等。希望通过本系列教材的学习，学历留学生能较为平稳地从以汉语技能训练为主的学科基础课程，进入以商务及金融专业理论和专业知识掌握为主的学科核心课程学习；外籍商务及金融行业从业人员和高年级汉语进修生能提高在职场的汉语综合运用能力。

四、编写特色

1. 教学大纲兼顾知识、能力、素质的综合培养，编制组合式教学大纲。

各教材在编写前期将专业内容和国情背景相结合，筛选出系列话题，据此研制了包含语言知识、语言能力、专业知识、文化背景等多个维度的综合教学大纲。各大纲线索独立有序，纵向递进；又以每课为节点，横向关联。为整套教材搭建起立体"骨架"，也为每册每课的内容选取、练习编排提供了科学、合理、有序的依据。

2. 教学内容突出商务及金融专业性特点，选择真实语料予以适度改写。

各教材编写语言参考本科留学生所使用的经济、金融专业教材，并广泛听取多方专业人士的意见，课文内容涵盖经济和金融领域常见话题和基本概念，保留专业语料的语体风格，练习和任务的设计贴近商务活动的真实场景，为学习者进入专业学习以及日后进入商务及金融行业就业做好语言准备。

3. 借鉴内容教学法和任务型教学理念，学习过程设计和组织合理，有效。

各教材以话题为单元组织教学，每个单元包含精心选择和设计的学习材料及任务。以交际实践为导向，激发学习者的主动性，引导其在完成任务的过程中理解和掌握基础专业知识，不断提高汉语听、说、读、写各项技能，逐步培养用汉语学习商务和金融专业知识以及从事专业工作的能力，在合作完成任务的过程中培养团队协作精神、终身学习能力和国际化视野。

本系列教材编写用时多年，其间经历多轮教学实践和修改更新。编者大都为多年从事商务汉语教学的一线教师，长期讲授相应课程，对教学组织和教材使用颇有心得。他们工作十分投入，精益求精，正是他们的敬业和执着，使得这项编写工作最终得以高质量地完成。

教材的成功出版，也要感谢北京语言大学出版社各位领导和责任编辑的支持和帮助。出版社专家与编辑团队数次来上海与编者开会讨论，从教材定位、体例设计到语料选择、练习编写，事无巨细，一一商讨落实。出版社的全程支持有力推进了编写工作的顺利进行。

同时，还要感谢上海交大安泰经济与管理学院的领导和老师，他们对教材的编写提出了专业领域的宝贵意见；感谢对外汉语教学界的专家和同人在编写过程中给予的热情鼓励与宝贵建议。

欢迎使用本系列教材的老师和学习者提出宝贵意见和建议，以使教材不断臻于完善。

“知行·经济汉语系列教材”编写组

于上海交通大学

《商务汉语综合教程》使用说明

一、适用对象

本教材主要适用于汉语言专业商务方向、经济类专业本科留学生的商务汉语综合类课程，也适合已具有中级及以上汉语水平（HSK5 级及以上）的外籍商务人士和高年级的汉语进修生使用。

二、定位及目标

本教材是“知行•经济汉语系列教材”中的商务汉语综合分册，属于专门用途（商务）汉语教材。教材旨在帮助学习者继续提高用汉语处理商业信息的综合能力，培养国际汉语人才在商务交际和商业研究领域的汉语交际与应用能力。主要目标包括：

- 语言能力　能用汉语熟练完成商业信息和经济信息的理解与表达
- 语言知识　掌握商务汉语词句的构成规律和使用方法
- 专业知识　了解商务、经济专业的基础知识
- 背景知识　了解商业领域、经济生活的现实情况

三、编写特色

本教材是国际中文教育领域对二语教学“Can-do”理念的一次探索和实践。学习目标、学习内容、语言练习都紧扣培养语言交际能力的核心目标，编写理念和方法的创新体现在：

1. 从信息理解与表达的角度逐级细化语言交际能力的学习目标。

本教材秉承二语教学“Can-do”理念，按照“能力板块—能力类—能力项—能力点”的层级，逐级细化培养商务汉语交际能力的总体目标，形成统率全书内容的能力大纲。首先将整体的能力培养目标分为商业信息的理解和表达两大能力板块。再根据目标对象的商务汉语使用需求，将信息的理解细分为“获取—理解—分析—整合”，信息的表达解析为“介绍—说明—调查—研究”。以此八类能力为基础，进一步细化出各单元的能力项目，以及各课的“微”能力点。通过这种逐级细化的方式确保了总体能力目标的具体落实。

2. 以能力培养为核心，多维有序地组织教学单元的内容。

全书以能力大纲为核心，话题大纲为内容范围，辅以语言知识、专业知识、社会知识等多维线索。各项大纲独立有序，纵向递进；又以每课为节点，横向关联。各单元的体例安排、各课的内容编写也同样紧扣能力目标展开。各个板块分工明确，目标清晰，不仅兼顾听说读写多项技能的练习，还调用了体量适中的知识，体现了本书作为综合类语言教材的特点。

3. 运用任务型教学理论设计模拟现实的交际任务。

本教材的每一课均配有仿真的交际任务，以此作为学习者演练和巩固能力项目的实践机会。所有交际任务都根据任务型教学理论设计而成，交际特征尽可能接近真实的交际活动。不仅有具体而明确的情景、角色和目的，而且具有一定的挑战性，学生必须用本课所学、所练的能力技巧才能完成任务、解决问题。同时，教材也提供思路或步骤上的“脚手架”式引导，确保交际任务能激活学习者的交际需求和主动性，并聚焦于能力目标的相关知识及其实际运用。

四、编写体例

全书有宏观篇、微观篇两个分册，按统一的大纲和体例编写，设为“8 个单元 / 册，2 课 / 单元”。每个单元由 6 个部分组成：

单元		
	导语	以“问题 + 图片 + 文字解释”的形式呈现专业话题，明确能力目标
	学习目标	包含能力项目、商务词语、专业知识、背景知识
	第 1 课	学习课文一，重点练习能力点一
	第 2 课	学习课文二，重点练习能力点二
	扩展阅读	提供与单元话题一致的一篇文章，配有围绕单元能力目标而设计的阅读理解练习，供复习、测试或延伸学习
	团队任务	要求以小组形式合作完成一个任务，旨在帮助学习者巩固和反思学习过程

其中，每个单元有两课，各课的结构体例一致，主要包括4个部分：

课		
热身	作用：导入话题，激活语言和知识	内容：形式丰富的练习
课文	作用：展示重点学习的能力项目应用实例	内容：课文（体裁、语体风格多样） 词语表（重点词语、专有名词）
练习	作用：帮助学习者掌握课文的字、词、句，理解课文内容和文中出现的能力点	内容：各种形式的语言练习，覆盖“字—词—句—篇”各级语言单位
能力训练	作用：帮助学习者掌握本课能力点的应用技巧	内容：语言能力知识+练习

两册书在话题上各有侧重，分别聚焦宏观经济学和微观经济学角度的常见话题。同时，两册书在能力项目和生词排序上又前后接续。学习者可根据需求灵活选用：或单用一册，对特定话题或能力集中进行重点训练；或连用两册，实现更全面、专业的能力提升。

教材大纲和使用事项请见各册的使用指南。

根据教学需要，书中课文由报纸、杂志、网络等媒体中的语料改写而成。受时间、地域、技术手段等因素限制，我们未能与权利人一一取得联系。虽尽可能在每课后附原作信息，但仍有作品由于转录转载，作者及出处来源不详。对此，我们深表歉意和感谢，衷心希望权利人谅解并与我们联系版权事宜。特此声明。

本册使用指南

本教材是《商务汉语综合教程》的微观篇分册，总体目标、适用对象、编写理念及体例与全套教材保持一致，话题内容侧重微观经济学角度，主要涉及企业的对外经营和内部管理两大板块，故定名“微观篇”。通过各单元的学习，学习者能用汉语完成常见商务交际活动和基本的商业分析。

本书聚焦商业表达能力的学与练，按“能力板块—能力类—能力项—能力点”逐级细化，并与专业话题紧密结合，确定每单元、每课的能力项和能力点。能力大纲、话题大纲的对应匹配如下：

能力		话题	能力项（单元）	能力点（课）
板块	类			
商业信息的介绍和说明	简要介绍商业事物	广告宣传	掌握宣传及介绍产品的主要方法和常用表达方式	产品广告宣传中的语言技巧 产品宣传的主要内容
	介绍商业行为和商业活动	品牌战略	掌握描述商业行为的基本方法	简要介绍商业行为 具体说明商业行为
	说明经济/商业现象	市场细分	掌握说明某个商业现象或经济现象的主要方法	简要介绍商业现象 具体描述商业现象
	说明商业计划	电子商务	简述某个商业项目或商业计划	概述商业模式 说明商业计划的价值和可行性
商业信息的调查与研究	用访谈、问卷形式进行市场调查	消费心理和行为	进行商业调查访谈，报告调查结果	商业调查访谈中的提问方式 报告调查结果
	分析商业事物之间的关系	企业传承	说明商业事物之间的关系	说明因果关系 说明正比、反比关系
	对比商业事物的异同	人力资源	说明商业事物的异同	说明商业事物的不同 说明商业事物的相同点
	描述商业事物的变化态势	海外拓展	描述商业事物的发展方向和趋势	描述商业事物的发展方向 描述商业事物的发展趋势

使用建议：

1. 本教材共 8 个单元 16 课，每单元 2 课，每课可以用 4 ～ 8 学时（45 分钟 / 学时）完成。

2. 建议教学顺序：热身→词语讲练→字词句练习→课文讲练→能力训练。

在 8 学时 / 课的情况下，建议课时分配为：热身 + 词语讲练，2 课时；字词句练习，2 课时；课文讲练，2 课时；能力训练，2 课时。

在 4 学时 / 课的情况下，可吸收混合式教学、翻转课堂等教学思想和方法，课外完成字词句知识的学习和练习；课内教学集中在练习答疑、课文学习和能力训练上。

3. 各单元最后的拓展阅读、团队任务可根据教学实际灵活安排。

4. 本册教材的生词承接自《商务汉语综合教程》(宏观篇)。可按照“宏观篇→微观篇”的顺序连用两本，也可按需单学一册。

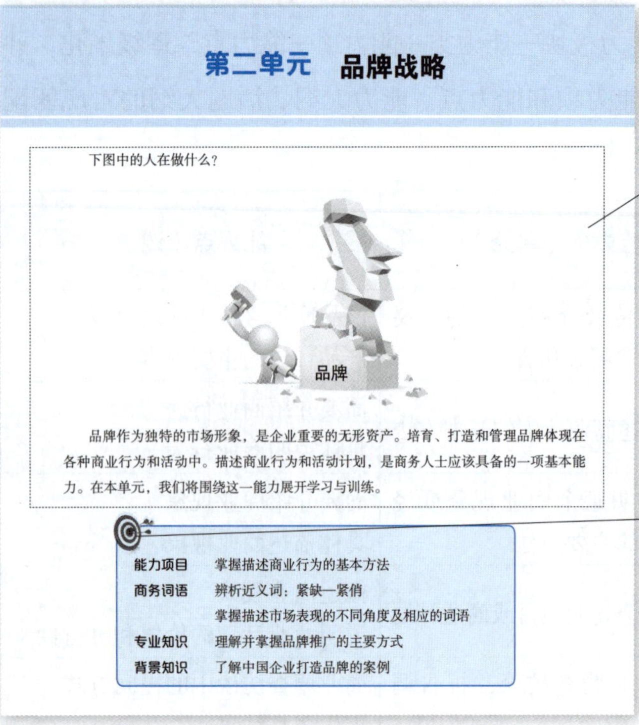

第二单元　品牌战略

下图中的人在做什么？

品牌作为独特的市场形象，是企业重要的无形资产。培育、打造和管理品牌体现在各种商业行为和活动中。描述商业行为和活动计划，是商务人士应该具备的一项基本能力。在本单元，我们将围绕这一能力展开学习与训练。

能力项目	掌握描述商业行为的基本方法
商务词语	辨析近义词：紧缺—紧俏
	掌握描述市场表现的不同角度及相应的词语
专业知识	理解并掌握品牌推广的主要方式
背景知识	了解中国企业打造品牌的案例

“单元导语”通过问题、图片、文字，解释专业话题，说明能力目标。建议课前阅读。

“学习目标”提示本单元应该掌握的能力项目、商务词语、专业知识、背景知识。建议课前阅读。

第 3 课　打造品牌

1 热 身

听力理解

听短文，填表。3-1

体育品牌	品牌形象	参与的运动项目 / 比赛
安踏		
匹克		
李宁		
特步		

“热身” 导入话题，激活语言和知识。每个单元一课以听力练习为主（听力文本后附于本书），另一课以口头表达为主。练习短小，形式多样。

第二单元　品牌战略

2 课 文

特步的成长历程 3-2

尊敬的来宾、各位领导、各位朋友：

大家下午好！

非常感谢组织者提供这样一个交流的机会，很高兴跟大家分享特步的成长历程。特步的发展可以分成三个阶段。20 世纪 80 年代是企业的成立期，90 年代是企业的高速发展期，21 世纪是品牌的打造期。

1987 年，我们用 1500 块钱在家里的一个小房间办起了这个企业。由于当时物资非常紧缺，大家都排队等着买，整个市场是卖方市场。在我们快速发展的那几年，每天都有客户主动加价求购，销售是不用愁的。当时国家提倡中国要成为世界的工厂，我们以代工的形式把物美价廉的产品卖到全球。但当时主要是以企业为品牌，人家熟悉的是企业的名字，而不是商品的品牌。

到了 21 世纪，国家提倡要创造自主品牌，中国人要有自己的品牌。特步的诞生地泉州是中国的品牌之都，也是中国的鞋都。目前在国内销售的中国运动鞋品牌，有 70% 来自泉州。受大环境影响，我们认为企业要想做长做久，必须要有自己的品牌，所以 2001 年我们开始创办特步这个品牌。

特步从一开始的目标就是要打造全球第一的时尚品牌，要成为这个行业的领军者。那时候很多体育用品企业把自己的品牌定位为运动品牌，以请运动员代言为主要的推广方式。悉尼奥运会的时候，中国队所有的冠军基本上都被体育用品企业请去做形象代言人了。我认为特步必须采用差异化的营销策略。年轻人除了喜欢运动，还喜欢音乐，有自己的时尚生活方式，有自己的偶像，所以我们首创偶像艺人代言体育用品的方式，扩大了特步品牌在少男少女中的影响力。

当然，特步毕竟是体育用品品牌，不可以完全脱离体育营销。我们认为足球是最时尚的，因为这项运动有太多的人关注和参与，所以我们成为中国第一个赞助英超、西甲的品牌。同时，我们在这几年的推广当中，非常重视与跑步运动项

“课文” 内容与本单元话题一致，作为本课能力点的应用实例，是重点学习的部分。体裁丰富，语体多样。每个单元一篇课文为口语风格，另一篇为书面语风格。有助于学习者体会和区分各种语篇和文本的表达差异。重点学习的词语在文中用蓝色标出。

词语表

3-3

1. 来宾	láibīn	名	来的客人，特指国家、组织或企业邀请的客人。
	我代表主办方感谢尊敬的各位来宾出席本次经济论坛。		
2. 打造	dǎzào	动	制造（金属器具），创造或造就。
	要打造国际品牌，唯有以质取胜。		
3. 紧缺	jǐnquē	形	因缺乏而供应紧张。
	去年年底到今年年初牛奶非常紧缺，导致鲜奶、酸奶、奶酪等奶制品价格上涨。		
4. 卖方市场	màifāng shìchǎng		市场上商品供不应求，卖方处于有利地位并对价格起主导作用的现象。跟“买方市场”相对。
	有报告称，二手房市场现在是卖方市场，有的房子售价一天涨了 20 万。		
5. 加价	jiājià		提高价格。
	为了尽快签订合同，买方不但没有还价，甚至还主动加价。		
6. 自主品牌	zìzhǔ pǐnpái		由企业自主开发，拥有自主知识产权的品牌。
	企业家要有创造自主品牌的动力和精神。		
7. 创办	chuàngbàn	动	开始办。
	该品牌自创办以来一直深受消费者喜爱。		
8. 领军者	lǐngjūnzhě	名	在某个行业或集体中起领头作用的企业、组织或个人。
	公司凭借新型的经营模式成为化妆品行业中的领军者。		

“词语表”：

（1）本课重点词语，包括词形、拼音、词性、中文解释和例句，重点词语及其搭配在例句中下加着重号强调；

（2）专有名词，包括词形、拼音、中文解释。

HSK 5 级及以下水平等级的词语不作为生词列入。

3 练 习

“练习”覆盖“字—词—句—篇—能力”各级语言单位及能力点。

一、根据词语和拼音，选择正确的汉字填空。

mài	lǐng	xíng	jǐn
（　）方	（　）军	（　）象	（　）缺
买　卖	领　邻	形　行	紧　系

“练习一”为汉字练习，要求选字成词，帮助学生提高识辨本课重点词语字形的准确度。

二、选择恰当的词语描述图片。

紧缺　紧俏

1.

2.

“练习二”为词语练习，练习与本课重点词语有关的语言知识，如商务词语的常见构词语素、近义商务词语辨析、相关商务词语辨析等语言知识。

每课的形式有所不同，有连线匹配、选词填空、看图说话、词语分类等，体现语言练习手段的多样性。

语言知识

紧缺　紧俏

紧缺指因商品数量不足而供不应求。如：

当时巴基斯坦国内棉花供应十分紧缺，纺织企业因此大幅减产。

新疆急需紧缺人才，缺口达 2 万余人。

紧俏指因商品热销而供不应求。如：

临近暑假结束，北京、西安等方向的学生票十分紧俏。

在招聘会上，有技术的务工人员成为紧俏人才，企业纷纷给出高工资。

练习后面配有相关语言知识提示。

三、选择恰当的词语，完成下面的句子。（注意与加点词语的搭配）

打造	定位	代言	卖方市场	形象代言人
紧缺	策略	领军者	自主品牌	冠名赞助商

1. 记者了解到，COSTA 还采用了“会员打折卡”这种营销________。
2. 这家公司刚刚宣布，将同时请两位明星________这款产品。
3. 近来国内________发展较为迅速，各车企凭借自身的不懈努力正在慢慢缩小与外资品牌的差距。
4. 责任感是我们能成为中国奶制品行业________的主要原因之一。
5. 亿利资源集团有限公司成为天津泰达足球队最新的________，球队本赛季将以“天津泰达亿利队”的名称参加中超及足协杯比赛。

“练习三”为词语练习，要求学生根据句子的意思和提示词选出合适的词语，帮助学生记忆重点词语的词义和用法。词语的常见搭配在句中加着重号作为提示，且尽可能与词语表保持一致。

四、用指定的词语描述图片或图表。

1. 定位

A 品牌

B 品牌

2. 卖方市场、紧缺

某地 2022、2023 年苹果市场情况

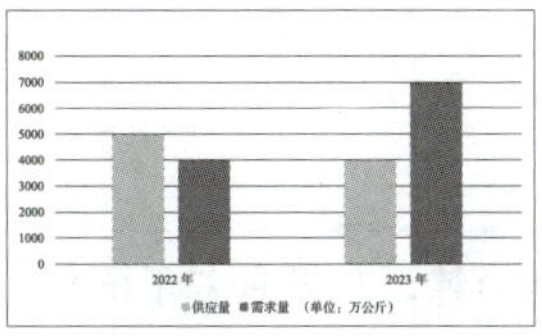

“练习四”为词语练习，通过图片提供较为直观的商业信息，针对本课重点词语进行表达训练，帮助学生掌握词语的用法。

五、找出下列句子的主干。

1. 1987 年，我们用 1500 块钱在家里的一个小房间办起了这个企业。
主干：________________

2. 我们以代工的形式把物美价廉的产品卖到全球。
主干：________________

3. 特步的诞生地泉州是中国的品牌之都，也是中国的鞋都。
主干：________________

“练习五”为句子练习，要求学生找出句子结构中的核心成分，主要针对课文中结构复杂的难句、长句进行语法训练，帮助学生扫除课文理解上的障碍。

六、将下面的句子改写为口语体。（加点的部分必须替换为口语词语）

1. 很高兴跟大家分享特步的成长历程。
____

2. 我们以代工的形式把物美价廉的产品卖到全球。
____

“练习六”为句子练习，要求将书面语风格的句子转化为口语风格，主要针对课文中的书面词语和句式（句中加着重号提示）进行语体风格转化训练，帮助学生扫除课文理解上的又一障碍。

七、根据课文选择正确答案。

1. 课文中的讲话可能发生在什么样的场合？（　　）
A. 学校课堂　B. 企业内部会议　C. 行业会议　D. 家庭聚会

2. 说话人讲话的目的是什么？（　　）
A. 寻找商机　B. 交流经验　C. 为产品代言　D. 培训员工

3. 说话人根据什么安排的演讲内容？（　　）
A. 时间顺序　B. 重要程度　C. 因果关系　D. 空间位置

4. 为什么一开始“人家熟悉的是企业的名字，而不是商品的品牌”？（　　）
A. 因为没有代言人　B. 因为是为其他品牌代工
C. 因为没有赞助体育活动　D. 因为大环境影响

“练习七”为语篇练习，针对课文内容进行阅读理解训练。
每课的练习形式有所不同，有单选和不定项选择、判断正误、回答问题、填写图表等，体现练习手段的多样性。

八、读后分析。

1. 归纳一下特步是如何打造品牌的。

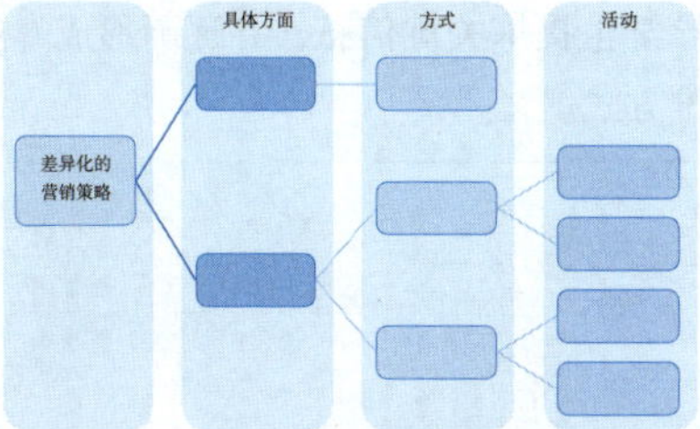

2. 根据上面的图表，口头复述特步的差异化营销策略的具体内容。

“练习八”引导学习者关注能力点在课文中的应用，起到衔接“能力训练”的过渡作用。每课的练习形式有所不同，体现练习的多样性。

4 能力训练

语言能力　简要介绍商业行为

商务人士常常会遇到需要说明一些商业行为的情况。比如在参加会议、交流工作、接受采访时，口头或书面简要介绍商业活动、工作进度、项目安排、品牌建设等内容。如果时间或篇幅有限，商业行为的介绍应该简明扼要。

比如介绍商业活动，抓住关键的五个 W—— When（时间）、Where（地点）、What（内容）、Who（负责人、参与者）、Why（原因、意义）。内容安排主要以时间为序，然后具体介绍所涉及的地点和内容。例如：

（1）特步的发展可以分成三个阶段。20 世纪 80 年代是企业的成立期，90 年代是企业的高速发展期，21 世纪是品牌的打造期。

（2）2011 年淘宝商城从淘宝拆分出来并独立运营。第二年开始用"天猫"作为品牌名称，不再使用"淘宝商城"这个名称。

"能力训练" 集中讲解、练习本课能力点，是重点练习的部分。

"语言能力知识" 具体说明能力点在语言句式、用词、内容等方面的使用要点。

练习

阅读短文，完成表格。

去年 6 月，微信公众号刚刚兴起，我负责跟新媒体的同事一起讨论要不要利用微信做营销，当时我们内部很犹豫。我让小米网的主管们先暂停使用来聊，尝试用微信三个月，从 9 月一直持续到 12 月，弄明白如何展开微信作为新媒体的运营工作。

今年 2 月，我们决定做微信运营，这时候才真正开始组建团队。

5 月，当我们的粉丝达到 60 万的时候，我们尝试了在微信上发 F 码。仅一天的时间，F 码发放数量就达到 45 万，粉丝数量增长了 25 万。领取 F 码后，一小时内我们的销售额就达到了 5500 万。

7 月，我们想尝试在微信上做一次新品发布会。今年年底，正好微信推出了支付功能，想提升微信支付的绑卡量。于是我们和腾讯合作在微信上做了一个小米新款手机的销售专场。这次的效果是 15 万台小米手机 9 分 55 秒售完，粉丝增长了 180 万，数量达 440 万。

我们决定针对微信的语音功能做点儿有趣的尝试。今年 12 月圣诞节前后，我们设计了微信"吼一吼"的创意活动。用户只需要对着小米手机的微信公众号发来一句语音"我爱小米手机！"就能参与。音量高的用户有机会中奖，还能够以极优惠的价格购买米兔玩偶。很快，超过 30 万用户参与了这次活动，1 万个米兔玩偶在数分钟内被抢购一空。

就这样，不到一年时间，小米手机微信公众号的粉丝量超过 500 万，成为最大的企业公众号之一。

（改写自《参与感：小米口碑营销内部手册》，黎万强）

时间	活动
去年 9 月到 12 月	试用微信
今年 2 月	决定＿＿＿＿＿＿，开始＿＿＿＿＿＿

"语言能力练习" 设有若干语句、语篇练习，帮助学生理解、体会能力点的使用。

情景任务　参加论坛

角色： 你是研究品牌问题的专家。

情景： 你将在下面这个专业论坛上发表演讲，分享你的看法。

全球品牌论坛

5 月 22 ~ 24 日

主题：打造品牌的重要因素

打造品牌有很多重要的因素，比如名字、标志、广告、媒体、时间、地点、代言人、资金……欢迎世界观点和全球经验在此碰撞！

要求：

1. 写一个 400 字左右的演讲稿，明确你的观点，并用两个案例证明你的看法。

观点：＿＿＿＿＿＿＿＿是打造品牌的重要因素

品牌 A＿＿＿＿＿　→（时间　商业行为）→　成功

品牌 B＿＿＿＿＿　→（时间　商业行为）→　失败

2. 根据演讲稿，每个人在全班或小组内发表演讲。
3. 边听其他同学的演讲边把他们的观点简要记录下来。

"情景任务" 为仿真的交际任务，有明确而具体的角色安排、情景设置和步骤要求，为学生提供商务交际活动的实践机会，帮助学生巩固本课重点训练的能力点。

利用思维导图帮助学生进行思考与准备，引导学生提炼关键信息，并逐渐形成专业化思维方式。

目　录

第一单元　广告宣传

根据你的生活经验，下面图片中空白的地方一般会出现什么？

广告是市场营销的重要组成部分，其主要目的是宣传产品、推广品牌。常见的有报纸广告、杂志广告、电视广告、墙体广告……随着网络新媒体的出现，广告的种类也越来越多。

能够用恰当的语言介绍和宣传产品的基本特点，是商务人士必须具备的基本能力。在本单元，我们将围绕这一能力展开学习与训练。

能力项目	掌握宣传及介绍产品的主要方法和常用表达方式
商务词语	掌握商务词语结构：～界、～版
专业知识	在实践中结合用户体验和文化背景进行产品宣传
背景知识	了解中国元素在广告中的运用实例

第 1 课　用故事讲卖点

1 热　身

小组讨论

1. 连线：下面 A、B、C 三个平面广告分别想强调什么？

产品　　　　品牌　　　　用户体验

A

B

C

2. 结合下图中广告位的环境特点，说说上面哪个广告更适合在这里投放。为什么？

选择广告：□A　□B　□C

理由：

2 课 文

会讲故事的广告 1-1

尽管苹果公司的手机并不完美，但丝毫不影响它在全球市场的地位。有一个原因很重要，那就是它在营销上避免用“就产品讲产品”的模式，而是从用户的体验出发，用讲故事的方法介绍产品。与“让产品变得更好”相比，“让用户觉得产品更好”更加重要。

广告界有句经典的话，“顾客要的不是钻头而是墙上的洞”，说的是顾客的根本需求不是产品，而是用产品解决某个问题。苹果公司深谙这个道理，在其广告中展现很多用户使用 iPhone 的场景，一方面有效展示了产品的强大功能，另一方面也给观众带来无形的暗示：“使用 iPhone 是一种生活体验。”

比如，为了宣传 iPhone 内置的通信软件 FaceTime，苹果公司推出了以“温情”为主题的系列广告，向消费者传达“ FaceTime 联结不同空间”的理念。广告通过生活中的各种通话场景，展示软件的“视频通话”功能，加深观众对广告和产品的印象。

以美国版的 FaceTime 广告为例，其主题是“有了 FaceTime，你不会错过人生任何一个重要的里程”。广告中人们通过 FaceTime 分享人生许多重要的场景：妻子与出差在外的丈夫分享宝宝的第一次爬行，女儿与远方的父母分享毕业典礼上的喜悦，怀孕的妻子与当兵的丈夫分享宝宝的 B 超影像……这些画面在触动人们柔软内心的同时，也使 FaceTime 深入人心。细腻又有创意地表现生活，引起观众情感的共鸣，这就是会讲故事的广告最大的魅力。

比较而言，有的广告就显得单调而沉闷。比如画面上一辆汽车在各种路面上飞驰，旁边用文字说明产品的外观、内饰、配置等，试图在短时间内展现产品的全部卖点。广告信息量大而分散，表现手法单一，缺乏一个有创意的故事。这样的广告风格雷同，不仅适合 A 车也适合 B 车，即使换成 C 车，似乎也没有问题，自然难以让消费者将产品的特点牢记于心。

优秀的广告无疑会让观众过目难忘，同时还能极大地提升消费者对产品的好感。所以，营销要从客户体验出发，先让广告开始讲故事吧！

（改写自《会讲故事的广告》，李静文，《市场研究》2013 年第 4 期）

词语表

1-2

1. 营销 yíngxiāo 动 经营销售（产品或品牌）。
   微信营销是新媒体时代最热门的营销模式之一。
2. 用户 yònghù 名 某些设备、商品、服务的使用者或消费者。
   我们始终把用户的需求和体验放在第一位。
3. 深谙 shēn'ān 动 十分熟悉（道理、方法、特点等）。
   作为领导，应该深谙团队力量大于个人的道理。
4. 温情 wēnqíng 名 温柔的感情。
   迎新春、送春联的活动让客户们切实感受到了公司的新春祝福和浓浓温情。
5. 系列 xìliè 名 相互关联的成组成套的事物。
   这次发布的系列广告分别以 7 位 18～70 岁不同风格的女性为主角。
6. 理念 lǐniàn 名 归纳或总结出的对事与物的观念或概念。
   该品牌想传达的设计理念是：把“无用”和“多余”去除，追求简约之美。
7. 分享 fēnxiǎng 动 和别人共同享受（欢乐、幸福、好处等）。
   中国将坚持扩大开放，与世界各国分享改革发展红利。
8. 触动 chùdòng 动 因某种刺激而引起（感情变化、回忆等）。
   这部电影触动了很多观众，特别是年轻人的内心。
9. 创意 chuàngyì 名 有创造性的想法、构思等。
   这家餐厅用无人机送外卖，美食“飞”到客户窗前的方式很有创意。
10. 外观 wàiguān 名 物体从外表看的样子。
    在购买手机时，很多时尚女性都会把产品的外观放在第一位。

11. 内饰	nèishì	名	（汽车、建筑等）内部的装饰。
	汽车内饰包括方向盘、座椅、操纵按键、空调出风口等。		
12. 卖点	màidiǎn	名	商品所具有的能够吸引消费者而易于销售的地方。
	一封好的求职信可以最大限度地展现求职者的“卖点”。		
13. 单一	dānyī	形	只有一种。
	该公司的主营业务比较单一。		
14. 雷同	léitóng	形	就像互相抄袭一样的相同。
	这些门店风格雷同，店的名字、店内布置、菜单、价格都差不多。		
15. 好感	hǎogǎn	名	对人或事满意或喜欢的情绪。
	新的外观更贴合现在的审美习惯，提升了消费者对产品的好感。		

专有名词

苹果公司	Píngguǒ Gōngsī	来自美国的高科技公司。

3 练 习

一、根据词语和拼音，选择正确的汉字填空。

xiāo	xiǎng	ān	chù	shì
营（　　）	分（　　）	深（　　）	（　　）动	内（　　）
稍　销	享　亨	谙　暗	触　融	柿　饰

二、将下面的词语与对应的意思连起来。

电影电视界	对女性的总称
IT 界	从事贸易行业人员的总称
贸易界	从事商业活动人员的总称
妇女界	从事 IT 行业人员的总称
商界	电影电视从业人员的总称

语言知识

～界

"～界"是根据行业、工作等社会属性划分出的人群范围。如：

商界、政界、报界、学界

金融界、广告界、银行界、医学界、科技界、IT 界、互联网界

社会科学界、人工智能界、科学技术界

文化教育界、电影电视界、医药卫生界

三、选择恰当的词语，完成下面的句子。（注意与加点词语的搭配）

营销	分享	理念	卖点	好感
用户	系列	外观	雷同	触动

1. 这几幅公益广告比赛的获奖作品________了人们的内心。

2. 我公司主要生产书写板、课桌椅等________产品。

3. 这款产品________时尚，性能也非常出色。

4. 这两部电视剧情节________，没什么创意。

5. 这个视频网站决定与用户________广告收入，向热门视频的上传者支付1% 的广告收入。

6. 据统计，春节期间平均每个________每天花在手机上的时间约为 4 个小时。

7. 这个品牌用简单的包装传达环保的设计________。

8. 这款产品频繁断货，其实是该公司的一种________模式。

9. 平面广告的设计要充分展现产品最主要的________。

10. 越来越多企业开展了体验式营销活动，为消费者带来不一样的体验感受，从而提升了消费者对品牌的________。

四、用指定的词语描述图片或图表。

1. 用户、好感

2. 卖点、外观、深谙

3. 雷同

A 品牌

B 品牌

4. 系列

广告一

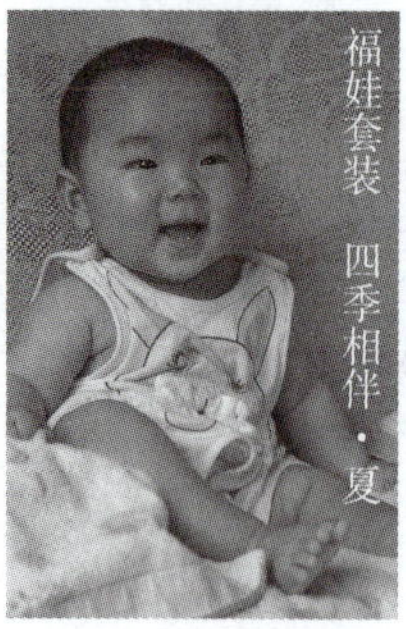

广告二

广告三

广告四

五、找出下列句子的主干。

1. 这个广告一方面有效展示了产品的强大功能，另一方面也给观众带来无形的暗示。

主干：________________________________

2. 苹果公司推出了以“温情”为主题的系列广告，向消费者传达“FaceTime 联结不同空间”的理念。

主干：________________________________

3. 妻子与出差在外的丈夫分享宝宝的第一次爬行，女儿与远方的父母分享毕业典礼上的喜悦，怀孕的妻子与当兵的丈夫分享宝宝的B超影像。

主干：________________________________

4. 优秀的广告无疑会让观众过目难忘，同时还能极大地提升消费者对产品的好感。

主干：________________________________

六、将下面的句子改写为口语体。（加点的部分必须替换为口语词语）

1. 尽管苹果公司的手机并不完美，但丝毫不影响它在全球市场的地位。

____

2. 它在营销上避免用“就产品讲产品”的模式。

____

3. 苹果公司深谙这个道理。

____

4. 以美国版的 FaceTime 广告为例，其主题是“有了 FaceTime，你不会错过人生任何一个重要的里程”。

____

5. 这样的广告风格雷同，自然难以让消费者将产品的特点牢记于心。

____

6. 优秀的广告无疑会让观众过目难忘。

____

七、根据课文回答下面的问题。

1. 苹果公司用什么方法介绍产品？

____

____

2. “顾客要的不是钻头而是墙上的洞”，这句话是什么意思？

____

____

3. FaceTime 是什么？广告以它的什么功能作为卖点？

____

____

4. 美国版的 FaceTime 广告是怎么表现它的卖点的？

____

____

5. 优秀的广告能产生什么效果？

____

____

6.“让广告讲故事”是什么意思？

____

____

7. 看看本课“热身”部分的汽车广告，你认为本文的作者会选择哪一幅？为什么？

____

____

八、读后分析。

根据课文，将代表不同广告特点的字母填入相应的图形中。

A. 触动内心　　B. 就产品讲产品　　C. 用故事讲产品
D. 表现手法单一　　E. 从用户体验出发　　F. 展示产品功能
G. 展现使用场景　　H. 信息量大而分散　　I. 用有创意的故事
J. 能引起情感共鸣　　K. 展现产品所有卖点

印象深刻的广告　　印象不深的广告

4 能力训练

语言能力 产品广告宣传中的语言技巧

课文通过分析广告案例想说明，广告宣传的主要目的是使消费者对产品感兴趣，从而乐于接受甚至去主动获取更多的相关信息。如果像说明书一样详细、客观地在广告中罗列出产品的所有特点，会造成信息量过大，从而使消费者记不住，也不愿意关注。

用语言宣传产品，就要令人印象深刻。首先应该从产品的众多特点中选择一个较为突出的作为“卖点”。语言表达上要注意结合消费者的需求、兴趣或体验感受。下面两个广告，第一个只是单纯地介绍了产品信息，而第二个除了产品信息，还标明了产品特色及受众年龄，更能引起目标顾客的兴趣。

> 苗苗英语　　热线：400-400-400
>
> 英语暑期班　即将开课

> 再见，应试英语　　热线：400-400-400
>
> 6 ~ 10 岁 来苗苗 体验欧美小学

宣传卖点，加深印象，可以试试下面几种技巧：

技巧	具体做法	例子
模拟新闻	采用新闻语体风格，使用对比强烈、不常见的数据。	（1）据《时代》报道，他 55 岁开始学习汉语，使用这套教材后，成效惊人。 （2）从零基础到 HSK 六级，五星酒店里飞出了汉语达人。该达人说，是这所汉语学校的老师们培养了他学习汉语的兴趣。
引用词句	运用与热点话题相关的词语、流行句式，以及俗语、成语等。	（1）操作简单，性能先进，爸妈拿在手里，甜在心里。用这个礼物留住最温暖喜庆的团聚时光。（某品牌摄像机春节前投放的广告语） （2）让您品味到舌尖上的汉语。（纪录片《舌尖上的中国》引起的流行句式“舌尖上的……”）

技巧	具体做法	例子
结合痛点	就消费者的某个痛点提出问题，然后以产品作为解决方案。	（1）还在为学习商务汉语苦恼吗？《知行·经济汉语系列教材》助你成为商界的汉语通。 （2）第几次下决心学做饭了？厨神 APP 让你秒变厨房高手。
突破常规	使用反常规的概念、数字。	（1）1 年 =14 个月。交 1 年的钱，上 14 个月课。 （2）我们不生产水，我们只是大自然的搬运工。（某品牌矿泉水的广告语）

除了上面这些，你还知道什么宣传产品的语言技巧吗？

练习

一、请分析下列广告语体现了产品的什么卖点。

1. 飞机的速度，卡车的价格。
2. 不怕你跟着我，就怕你跟丢了。
3. 只溶在口，不溶在手。
4. 众里寻他千百度，你要几度就几度。
5. 我们不生产水，我们只是大自然的搬运工。

二、阅读下列句子，回答问题。

A. 本系列产品均为豆腐发酵制品，其制作方式及味道差异甚大，但都是闻起来臭，吃起来香。

B. 在您需要帮助的时候，助您一臂之力。

C. 我们与哈佛商学院合作出版商务英语教材，并使用其著名的研究案例，来帮助商界人士了解更多实用的商务英语和职场英语。

D. 臭名远扬，香飘万里。

E. 本产品多用于一般机械制造、装配车间和仓库等场所，用于固定跨度区间内的物料装卸和搬运。

F. 吸收语言维生素，踏上事业青云路！

1. 上面哪些句子来自广告宣传，哪些来自产品说明？
2. 其中的广告宣传分别使用了下面哪种语言技巧？
   - 模拟新闻 • 引用词句 • 结合痛点 • 突破常规
3. 这些句子分别介绍了什么产品？哪些容易猜出来，哪些不容易，为什么？

三、阅读下面的产品宣传，分析它们主要使用了哪种语言技巧。

现在我们可以带着“洗衣机”去环球旅游了！这款“洗衣机”的大小跟一块肥皂差不多，个头虽小，功能却很强大。只要把衣物放入水中，加上洗衣液，再将这个小“洗衣机”也放进去，等待25～40分钟，衣物就洗好了。每次可以洗2公斤衣物，一次充电可连续工作超过4个小时，完全能满足长途出行的需求。有了它，长途出行也可以只带三件衣服，背着背包就能跑遍全球。

□模拟新闻 □引用词句
□结合痛点 □突破常规

由元青科技研发的NanoJ科技面料日前正式亮相第十七届中国（深圳）国际品牌服装服饰交易会，引起了行业内的广泛关注。NanoJ科技面料是真正做到透气排汗的纳米（nanometer）纯棉面料，拥有疏水、耐脏、抗菌、自清洁和易清洗等多种特性，是科技与时尚潮流的融合。元青科技愿与国内外企业合作，将这款面料运用于不同的消费场景，使其更快进入人们的日常生活中。

□模拟新闻 □引用词句
□结合痛点 □突破常规

四年一次的全球最大的足球盛宴激情开幕！为自己喜欢的球队加油，是观看世界杯最大的乐趣之一。“无啤酒，不足球。”我们特别推出“缤纷加油罐”系列产品，其中包含8罐不同包装的啤酒，分别以巴西、阿根廷、西班牙、冰岛、法国、德国、葡萄牙、英格兰为主题，罐身印有用当地语言写的“加油”，装饰图案以各国国旗为设计元素。让你与同一阵营的球迷一起为球队加油，为世界举杯。

□模拟新闻 □引用词句

□结合痛点 □突破常规

尽管我们出版的《学汉语分级故事》历史故事系列对汉字量的要求已精简到1000字，但很多初级水平的学生掌握的汉字量只有500到800，他们虽然也对历史故事很感兴趣，但“生词”这个拦路虎让他们不得不边查边读，阅读过程断断续续，最终使他们失去了阅读的乐趣。怎么办？那就来看我们的电子书吧。这些电子书具有跳转链接和词语翻译功能，无论是零起点、中级还是“中国通”级别，总有一个系列适合你。

□模拟新闻 □引用词句

□结合痛点 □突破常规

情景任务　宣传新产品

角色： 你在一家饮料公司的市场部工作。

情景： 你们公司打算举办一个小型的消费者见面会，推介一款新产品。你要负责宣传其中的一个卖点，请准备一份 2 分钟左右的发言稿。

要求：

1. 自选饮料产品。
2. 总结产品的主要特点，选择其中一个作为卖点。

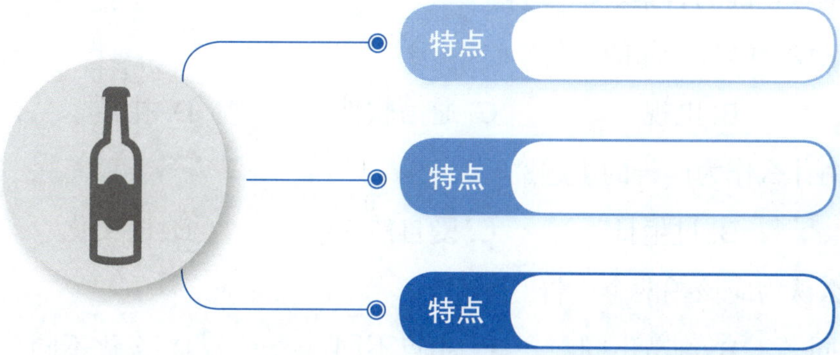

3. 说明这个卖点能满足消费者的哪些需求或兴趣。

所选卖点：

消费者的需求或兴趣：

4. 从下面的方法中选择一种来宣传产品的这个卖点。

□模拟新闻　　□引用词句　　□结合痛点　　□突破常规

5. 字数：250 ～ 300 字。

第 2 课　广告与文化

1 热　身

听力理解

听对话，选择唯一正确的答案。 2-1

1. 他们在讨论设计哪种产品的广告？（　　）

A. 酒店　　B. 电视　　C. 通信软件　　D. 礼品

2. 他们打算用什么作为广告的主题？（　　）

A. 出差　　B. 过生日　　C. 爱自然　　D. 谈文化

3. 男的为什么认为应该拍两个广告？（　　）

A. 主题不同　　B. 细节不同　　C. 卖点不同　　D. 文化不同

4. 男的可能选谁作为美国广告中的主角？（　　）

A. 
B. 
C. 
D. 

5. 男的可能选谁作为中国广告中的主角？（　　）

A. 
B. 
C. 
D. 

6. 女的对拍两个广告有什么看法？（　　）

A. 认为会影响成本　　B. 觉得管理起来太麻烦

C. 知道客户不理解　　D. 认为同事会反对

2 课文

因"文化"而异的广告 2-2

——以 FaceTime 的"生日"广告为例

一些国际品牌在制作针对不同市场的广告时，常常会根据自己对当地文化的理解对广告中的一些细节进行调整。比如，苹果公司曾推出以"过生日"为主题的 FaceTime 广告，讲述一位商务人士出差在外，家里的爱人和孩子为其过生日，通过使用 FaceTime 共享温馨又感人的时刻。值得注意的是，这个广告在一些国家投放时，采用了不同的版本，广告中家庭成员的角色形象和行为方式都有所调整，引起了人们的热烈讨论。

有人注意到，美国版的广告是妈妈过生日，主角是一位优雅干练的职业女性，广告展现了她作为母亲的柔情一面。到了中国市场，广告变成了爸爸过生日。画面中的男人是典型的父亲形象，成熟而自信，眼角的皱纹说明了他肩扛家庭责任的辛苦。广告展现了一种传统的家庭模式——"男主外，女主内"。

也有人发现，广告中孩子的形象也存在细微的差别。中国版广告中，生日似乎是妈妈策划的，她引导女儿与电话另一端的爸爸交流，并用手机拍摄下来。女儿很小心地端上生日蛋糕，显得乖巧可爱。她一直处于手机画面的中心位置，似乎是整个活动的主演；而美国版的广告中，女儿更像是整件事的导演，她为母亲端上生日蛋糕，爸爸只是在女儿背后协助拍摄这个过程。

还有人认为，广告中的家庭成员表达感情的方式也不完全一样。相同的是，中间都有一起吹蜡烛的动作，结尾都出现了深情飞吻。但中国版广告中多了一些动作，比如女儿把蛋糕喂给电话另一端的爸爸，爸爸十分配合地做出吃蛋糕的动作。中国版广告中的感情借由物质进行传递，美国版将感情表现为亲密的肢体语言。

用不同版本是为了接近文化背景不同的消费者，但这样处理在多大程度上体现了当地和当代的文化呢？有研究者指出，当代中国家庭已经不再是单一的传统模式，调换人物性别的处理方式显得过于简单。看来，让广告讲故事，还需要多进行实地调查访谈，才能真正贴近消费者。你怎么看呢？

（改写自《西方品牌同一广告中外版本的符号学分析与读者反应诠释》，刘琦婧）

词语表

2-3

1. 品牌 pǐnpái 名 产品的牌子。
   近年来，中国本土诞生了越来越多的国际知名品牌。
2. 推出 tuīchū 动 使产生，使出现。
   今年公司将推出以“运动”为主题的系列广告。
3. 版本 bǎnběn 名 原指同一部书因编辑、传抄、排版或装订形式的不同而产生的不同本子。现在也用于影视作品、产品等。
   苹果公司对不同版本的 iPhone 的硬件做了不同程度的调整。
4. 干练 gànliàn 形 又有才能又有经验。
   这种发型最适合干练的职场男士。
5. 男主外，女主内 nán zhǔ wài, nǚ zhǔ nèi 丈夫在外挣钱养家，而妻子负责照顾家庭。
6. 策划 cèhuà 动 谋划，设计规划。
   该餐厅在春节期间策划了一个转发微信吃饭免单的活动。
7. 乖巧 guāiqiǎo 形 （言行等）合人心意，讨人喜欢。
   她女儿圆圆的脸蛋，大大的眼睛，显得十分乖巧。
8. 协助 xiézhù 动 从旁帮助，辅助。
   他的工作是协助销售人员做好来访客户的接待工作。
9. 结尾 jiéwěi 名 结束的阶段。
   在广告的结尾，演员说出了公司和品牌的名字。

10. 借由 jièyóu 通过。

名人代言一直是广告界常用的手段，品牌可以借由名人效应提升知名度。

11. 肢体语言 zhītǐ yǔyán 代替语言来表情达意的身体动作、面部表情。

从他们亲密的肢体语言中，我们感受到了浓浓的爱意。

12. 访谈 fǎngtán 动 访问并交谈。

直接对用户进行访谈才能贴近用户，了解他们的需求。

3 练 习

一、根据词语和拼音，选择正确的汉字填空。

guāi	pái	xié	cè	bǎn
( )巧	品( )	( )助	( )划	( )本
乖 乘	牌 啤	协 胁	束 策	贩 版

二、根据词义，写出词语，并选择恰当的词语填入下列句子中。

用中文表达内容的一批产品	________版
不需要付钱的一批产品	________版
数量很少的一批产品	________版
以电子文本为形式的一批产品	________版
在规定时间内可以使用，过了许可期便不能再用，或部分功能不能再用的一批产品	________版

1. 这款车是 ________，全球仅销售 100 台。

2. 这个游戏同时推出了 ________ 和收费版两个版本。

3. 新用户在 100 天内可以免费使用这个软件的 ________。

4. 在发行完最后一期纸质版之后，美国《新闻周刊》开始完全转向互联网，只发行 ________。

5. ________ 韩国地图 APP “韩巢” 正式上线，中国用户可以通过 APP 随时随地查找韩国旅游信息。

语言知识

～版

“～版”原本用来指印刷物排印一次，以及与出版有关的事物。常见于出版界。比如：

这套教材是什么时候出版的？

这本书初版印了一万册。

该书2006年首次出版，9年之后再版。

这本书的四个版本均登上了畅销书榜单，而且每个版本的销量都差不多。

作者对其作品享有的版权受到法律保护。

现在除了印刷品，影视产品、电子产品、汽车等也用“～版”来说明某一批产品在数量、设计、生产等方面的特点。比如：

数量：限量版

语言：中文版、英文版、日文版

物质形式：纸版、电子版、数字版

发布情况：测试版、试用版、正式版

汽车款式：高配版、运动版、敞篷版、混合动力版

价格：免费版、收费版

适用载体：手机版、电脑版、网页版

其他：纪念版

数字、字母也可与“版”组合，作为版本的标记。比如：

玉柴6K版、PRO 5 Ubuntu版

三、选择恰当的词语，完成下面的句子。(注意与加点词语的搭配)

推出　版本　品牌　策划　协助

访谈　干练　结尾　借由　肢体语言

1. 研究发现，猩猩能够利用________进行交流。

2. 因为工作认真，三年后她由当初的小职员提升为经理助理，________总经理管理产品的生产和销售。

3. Snapchat周五通过官方微博宣布，将在本周末________其首条广告。

4. 为了解大豆种植和交易情况，商务考察团对当地农民进行了________。

5. 有专家认为，京东必须________上市改变自己的业务模式。

6. 从着装来看，他是一个________的职场人士。

7. 该公司精心________了一系列“迎新春”活动。

8. 据报道，这款手机游戏计划于明日更新到 2.0________。

9. 他在报告的________给出了最后的结论：人口红利期已经结束。

10. 这些企业走出国门，打造出了在全球市场上拥有较高知名度的国际________。

四、用指定的词语描述图片或图表。

1. 版本、品牌、推出

2. 协助、访谈

3. 推出、品牌

（以前的标志）　　（现在的标志）

4. 策划

五、找出下列句子的主干。

1. 一些国际品牌在制作针对不同市场的广告时，常常会根据自己对当地文化的理解对广告中的一些细节进行调整。

   主干：________________________________

2. 苹果公司曾推出以“过生日”为主题的 FaceTime 广告。

   主干：________________________________

3. 这个广告在一些国家投放时，采用了不同的版本。

   主干：________________________________

4. 眼角的皱纹说明了他肩扛家庭责任的辛苦。

   主干：________________________________

六、将下面的句子改写为口语体。（加点的部分必须替换为口语词语）

1. 苹果公司曾推出以“过生日”为主题的 FaceTime 广告。

   ____

2. 一位商务人士出差在外，家里的爱人和孩子为其过生日。

   ____

3. 广告中孩子的形象也存在细微的差别。

   ____

4. 她一直处于手机画面的中心位置。

____

5. 中国版广告中的感情借由物质进行传递。

____

七、根据课文回答下面的问题。

1. 为什么 FaceTime 的广告有不同的版本？

____

____

2. 中美两个版本的广告有什么相同的地方？

____

____

3. 中美两个版本的广告中有哪些角色？他们的形象有什么不同？

____

____

4. 在这两个版本的广告中，人物角色的行为有什么不同？

____

____

5. 你认为，FaceTime 是否有必要推出两个版本的广告？为什么？

____

____

八、读后分析。

1. 归纳中美两个版本广告的不同之处。

角色	美国版	中国版
形象		
行为		

2. 请你代表广告公司，向苹果公司介绍课文中的两个广告，并说服对方接受制作两个广告版本的做法。

4 能力训练

语言能力 产品宣传的主要内容

对于一个新产品来说，上市后进行宣传、推广是最为重要的大事。好的产品宣传能帮助和指导消费者正确地认识和使用产品。产品宣传一般会涉及两个方面的内容：

产品信息	产品名称、概念、特点、广告语、形象代言人等
销售信息	产品价格、优惠信息、销售单位、销售网点、客服电话等

其中，产品信息的宣传重点是产品的卖点。它是产品的核心价值，也是吸引消费者的关键。比如客户到快递公司，要求尽快把货物送出去，他关心的是速度。那么快递公司在宣传介绍业务时，就应突出速度方面的卖点。在速度接近的情况下，安全性和查询便捷度便会成为客户关心的重点。

描述客户体验、介绍代言人以及设计广告语时，内容和语言风格都应与产品的定位及形象保持一致。当然，宣传介绍产品还要注意入乡随俗，修辞与表达方式是否符合当地文化和民俗心理都是必须考虑的问题。

练习

一、根据句子 A ～ I 所描述的内容，将其分别归入下面四个类别中。

A. 可口可乐的产品种类达 140 多种，它们有不同的口味、包装和容量。

B. FaceTime 是苹果公司 iOS 和 Mac OS X 内置的一款视频通话软件。

C. 这种床垫具有独特的“记忆”功能，在人们睡眠时能自动调节床垫与人体的贴合度，起到减轻身体压力的作用。

D. “英语入门”课是面向零起点的初学者开设的。

E. 这家软件公司推出的防火墙产品适用于中小企业、大型企业、高校、金融机构、高流量的电子商务网站等。

F. 申通快递主要提供非信函、样品、大小物件的速递服务业务。

G. 我公司的主要产品包括各种广告气球、高级装饰气球、PVC 飘空气球等。

H. 这种笔记本电脑主要针对中高收入的商务人士。

I. 这款手机是专为手机发烧友打造的高品质智能手机。

产品概念

产品种类

目标顾客

产品功能

二、阅读短文，回答问题。

兰芝（LANEIGE）选择宋慧乔作为品牌代言人的原因是：她那纯净无瑕的肌肤、迷人的眼睛为她成为一名化妆品代言人提供了良好的外在条件。此外，兰芝品牌的形象与宋慧乔在影视作品中塑造的时尚、优雅的形象十分吻合。

“兰芝”选择宋慧乔担任形象代言人有哪些原因？

情景任务　写产品简介

角色：你在一家饮料公司的市场部工作。

情景：今年的"国际饮料展览会"即将在中国举办，你们公司已经报名参加。现在主办方要为参展企业制作一份产品宣传手册，请你们公司提供一份书面的产品宣传。

要求：

1. 内容以产品的宣传信息为主，包括产品概念、种类、目标顾客、功能、代言人等。
2. 字数：400字左右。

国际饮料展览会 宣传册

展位号：A108

企业：

产品：

5 扩展阅读

问题

1. 国外品牌为什么要在广告中运用中国元素？
2. 为什么广告对中国元素的运用要创新？
3. 如何在广告中创新性地运用中国元素？
4. 对中国元素的创新运用要注意什么问题？

中国元素在广告中的创新运用

许多国外品牌进入中国市场时，用中国元素创造出了很多精彩的广告。百事可乐是美国产品，为了迎合中国市场，其广告利用中国人“春节回家团圆”的民俗心理，以“回家过年”为主题，聘请中国明星演出典型的团圆场景：女儿、儿子回家，父母在家给孩子准备晚饭。作品采用中国元素进行加工制作，并在春节期间发布。它让中国消费者产生一种亲切感，迅速拉近了产品与消费者的距离。

将中国元素应用到广告之中，已经成为中国现代广告的主要策略之一。但是如果只是在故纸堆里随便找些素材胡乱地堆砌，并不能带来理想的广告效果。对中国元素的运用也要进行合理适当的创新。

首先，可以利用技术（比如电脑绘图）使中国元素呈现出独特的视觉效果。这一方面的典型例子是中央电视台的宣传广告。这个作品被看作广告界的一个重大创新，它利用电脑软件，使中国的传统元素水墨以动态的形式表现出打太极拳的人、中央电视台的办公大楼等形象。水墨的灵活变换让人耳目一新，并体现出央视的文化底蕴与品味，传达出“相信品牌的力量”的主题。此外，作品以黑色和灰色为主，沉静而悠远的意境也符合中国文化含蓄内敛、宁静致远的气质，体现出国家级媒体对中国文化的领悟力和传播力。

其次，可以将中国元素与西方元素相结合。比如国外某品牌汽车的一个平面广告，就利用西方表现手法对中国元素进行创新。画面中出现了中国传统的水墨画元素，同时加入了西方的水彩画的成分。整个构图将中国画的散点透视与西方油画中的焦点透视相结合，体现了中西合璧的特点。整个作品不仅具有中国味道，还体现出强烈的现代感。

同时，对中国元素的创新不能触犯中华民族的禁忌。每一个中国元素背后都有自己的特定含义，对这些元素进行创新时必须要考虑到这一点，否则可能会引发民众的抵触情绪。曾有一个油漆产品的广告，为了体现油漆的光滑，让柱子上的龙滑落了下来。虽然这个作品不乏创意，但“盘龙滑落”被一些民众认为是对民族的侮辱，从而引起社会的争议，对产品和企业造成了不良影响。

（改写自中国广告网，《中国元素在广告中的应用》）

团队任务

任务说明

代表广告公司，简要介绍为客户设计的广告语和产品广告。

任务要求

（1）**产品**：选择一个产品，并确定一个卖点。

（2）**广告语**：根据卖点，自由创作。

（3）**平面广告**：只展示产品名称、商标和广告语，产品本身不出现；通过用户的体验感受来展现卖点；包含中国文化元素。

（4）**地点**：地铁站（如右图所示）。

（5）**报告**：展示广告语、平面广告，说明设计思路。

任务步骤

分组	组成小组，确定组长、时间安排及分工等内容
选择产品	选择产品，确定卖点
确定广告语	每个人至少提出一个广告语，小组内部讨论并从中选出一句广告语作为本小组的广告语
制作广告	设计一个平面广告
口头 / 书面报告	广告语（所有方案、最终的选择） 展示平面广告 设计思路（卖点、故事主题、文化元素）

第二单元　品牌战略

下图中的人在做什么？

品牌作为独特的市场形象，是企业重要的无形资产。培育、打造和管理品牌体现在各种商业行为和活动中。描述商业行为和活动计划，是商务人士应该具备的一项基本能力。在本单元，我们将围绕这一能力展开学习与训练。

能力项目	掌握描述商业行为的基本方法
商务词语	辨析近义词：紧缺—紧俏
	掌握描述市场表现的不同角度及相应的词语
专业知识	理解并掌握品牌推广的主要方式
背景知识	了解中国企业打造品牌的案例

第 3 课　打造品牌

1 热　身

听力理解

听短文，填表。3-1

体育品牌	品牌形象	参与的运动项目 / 比赛
安踏		
匹克		
李宁		
特步		

2 课　文

特步的成长历程 3-2

尊敬的来宾、各位领导、各位朋友：

大家下午好！

非常感谢组织者提供这样一个交流的机会，很高兴跟大家分享特步的成长历程。特步的发展可以分成三个阶段。20世纪80年代是企业的成立期，90年代是企业的高速发展期，21世纪是品牌的打造期。

1987年，我们用1500块钱在家里的一个小房间办起了这个企业。由于当时物资非常紧缺，大家都排队等着买，整个市场是卖方市场。在我们快速发展的那几年，每天都有客户主动加价求购，销售是不用愁的。当时国家提倡中国要成为世界的工厂，我们以代工的形式把物美价廉的产品卖到全球。但当时主要是以企业为品牌，人家熟悉的是企业的名字，而不是商品的品牌。

到了21世纪，国家提倡要创造自主品牌，中国人要有自己的品牌。特步的诞生地泉州是中国的品牌之都，也是中国的鞋都。目前在国内销售的中国运动鞋品牌，有70%来自泉州。受大环境影响，我们认为企业要想做长做久，必须要有自己的品牌，所以2001年我们开始创办特步这个品牌。

特步从一开始的目标就是要打造全球第一的时尚品牌，要成为这个行业的领军者。那时候很多体育用品企业把自己的品牌定位为运动品牌，以请运动员代言为主要的推广方式。悉尼奥运会的时候，中国队所有的冠军基本上都被体育用品企业请去做形象代言人了。我认为特步必须采用差异化的营销策略。年轻人除了喜欢运动，还喜欢音乐，有自己的时尚生活方式，有自己的偶像，所以我们首创偶像艺人代言体育用品的方式，扩大了特步品牌在少男少女中的影响力。

当然，特步毕竟是体育用品品牌，不可以完全脱离体育营销。我们认为足球是最时尚的，因为这项运动有太多的人关注和参与，所以我们成为中国第一个赞助英超、西甲的品牌。同时，我们在这几年的推广当中，非常重视与跑步运动项目的合作。我们希望做到的是，看到跑步就会想到特步。不论是沿海的厦门马拉松，还是海拔最高的拉萨马拉松，特步都积极成为他们的冠名赞助商。

以上这些是特步打造品牌过程中的一些经验，很高兴能与大家分享。谢谢！

（改写自丁水波在"2010品牌中国年度人物系列评选活动"上的演讲《特步的成长历程》，新浪财经，2010.12.18）

词语表

3-3

1. 来宾	láibīn	名	来的客人，特指国家、组织或企业邀请的客人。
	我代表主办方感谢尊敬的各位来宾出席本次经济论坛。		
2. 打造	dǎzào	动	制造（金属器具），创造或造就。
	要打造国际品牌，唯有以质取胜。		
3. 紧缺	jǐnquē	形	因缺乏而供应紧张。
	去年年底到今年年初牛奶非常紧缺，导致鲜奶、酸奶、奶酪等奶制品价格上涨。		
4. 卖方市场	màifāng shìchǎng		市场上商品供不应求，卖方处于有利地位并对价格起主导作用的现象。跟"买方市场"相对。
	有报告称，二手房市场现在是卖方市场，有的房子售价一天涨了20万。		
5. 加价	jiājià		提高价格。
	为了尽快签订合同，买方不但没有还价，甚至还主动加价。		
6. 自主品牌	zìzhǔ pǐnpái		由企业自主开发，拥有自主知识产权的品牌。
	企业家要有创造自主品牌的动力和精神。		
7. 创办	chuàngbàn	动	开始办。
	该品牌自创办以来一直深受消费者喜爱。		
8. 领军者	lǐngjūnzhě	名	在某个行业或集体中起领头作用的企业、组织或个人。
	公司凭借新型的经营模式成为化妆品行业中的领军者。		

9.	定位	dìngwèi	动 / 名	把事物放在适当的地位并做出某种评价。/ 确定的位置。
				美的集团将这个品牌定位为最高端的家电品牌。
10.	代言	dàiyán	动	代表某企业、组织或商品等发表言论或做宣传。
				数据显示，在成龙代言产品的四年里，格力产品销售增长率惊人。
11.	形象代言人	xíngxiàng dàiyánrén		以个人形象及影响力为某个领域、单位或产品等进行信息推介宣传的人，多为有一定知名度的公众人物。
				她被瑞士某顶级腕表品牌请去做形象代言人。
12.	策略	cèlüè	名	根据形势发展而制定的行动方针和斗争方式。
				针对中国电视市场，夏普宣布将采用全面进攻的策略。
13.	赞助	zànzhù	动	（拿出财物等）帮助、支持。
				我们公司的确赞助了这个比赛，不过不是冠名，只是赞助比赛用球。
14.	冠名赞助商	guànmíng zànzhùshāng		赞助某项活动的企业，被赞助的活动名称中要加上企业或产品的名字、标志。
				中国厦门航空成为今年澳洲羽毛球公开赛的冠名赞助商。

专有名词

1.	特步	Tèbù	中国的一家大型体育用品企业。
2.	泉州	Quánzhōu	福建省三大中心城市之一，位于福建省东部。
3.	悉尼	Xīní	（Sydney）澳大利亚第一大城市，澳大利亚经济、金融、航运和旅游中心。
4.	奥运会	Àoyùnhuì	（Olympic Games）奥林匹克运动会。
5.	英超	Yīngchāo	英格兰足球超级联赛，英国最高等级的职业足球赛事。
6.	西甲	Xījiǎ	西班牙足球甲级联赛，西班牙最高等级的职业足球联赛。
7.	厦门	Xiàmén	福建省三大中心城市之一，位于福建省东南部。
8.	拉萨	Lāsà	中国西藏自治区的首府。

3 练 习

一、根据词语和拼音，选择正确的汉字填空。

mài	lǐng	xíng	jǐn
（　　）方	（　　）军	（　　）象	（　　）缺
买　卖	领　邻	形　行	紧　系

二、选择恰当的词语描述图片。

紧缺　紧俏

1.

2.

3.

4.

语言知识

紧缺 紧俏

紧缺指因商品数量不足而供不应求。如：

当时巴基斯坦国内棉花供应十分紧缺，纺织企业因此大幅减产。

新疆急需紧缺人才，缺口达 2 万余人。

紧俏指因商品热销而供不应求。如：

临近暑假结束，北京、西安等方向的学生票十分紧俏。

在招聘会上，有技术的务工人员成为紧俏人才，企业纷纷给出高工资。

三、选择恰当的词语，完成下面的句子。（注意与加点词语的搭配）

打造	定位	代言	卖方市场	形象代言人
紧缺	策略	领军者	自主品牌	冠名赞助商

1. 记者了解到，COSTA 还采用了“会员打折卡”这种营销________。
2. 这家公司刚刚宣布，将同时请两位明星________这款产品。
3. 近来国内________发展较为迅速，各车企凭借自身的不懈努力正在慢慢缩小与外资品牌的差距。
4. 责任感是我们能成为中国奶制品行业________的主要原因之一。
5. 亿利资源集团有限公司成为天津泰达足球队最新的________，球队本赛季将以“天津泰达亿利队”的名称参加中超及足协杯比赛。
6. 这家合资公司计划________大米市场的高端品牌。
7. 由于种植面积减少，我市鲜桃的销售从买方市场转变为________。
8. 华为以 600 万欧元年薪邀请梅西做该公司的________。
9. 在招聘会上，人才供求比是 1:2.14，特别是营销类、产品生产类和技工类人才非常________。
10. 随着中韩经济、文化往来的日渐频繁，大韩航空将中国________为其最大的海外市场。

四、用指定的词语描述图片或图表。

1. 定位

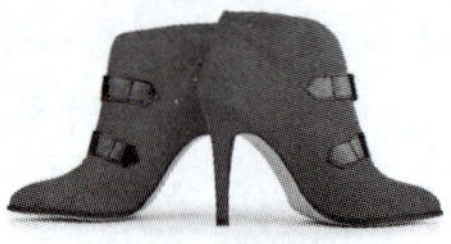

A 品牌

B 品牌

2. 卖方市场、紧缺

某地 2022、2023 年苹果市场情况

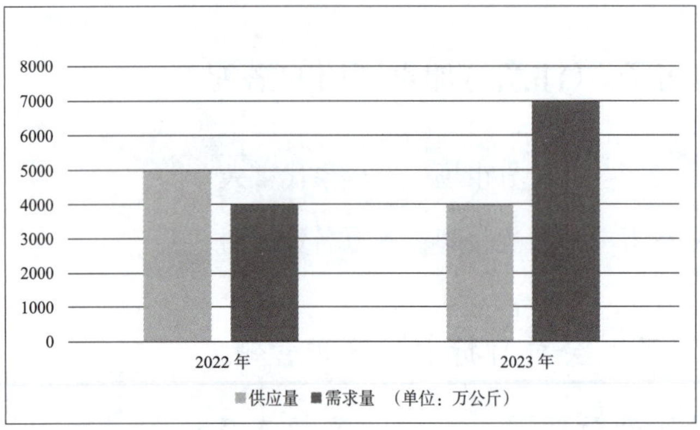

3. 加价

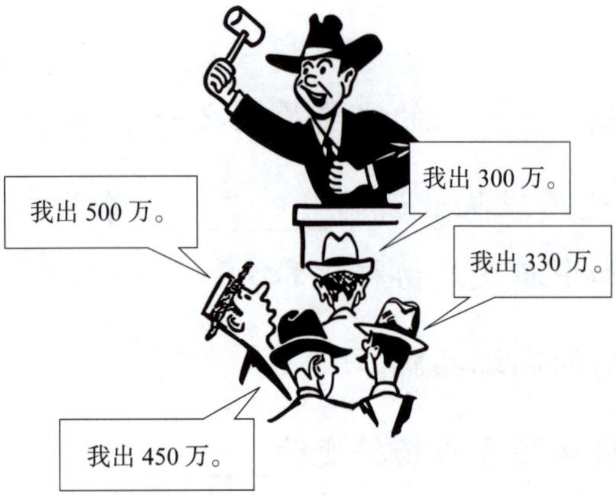

4. 冠名赞助商

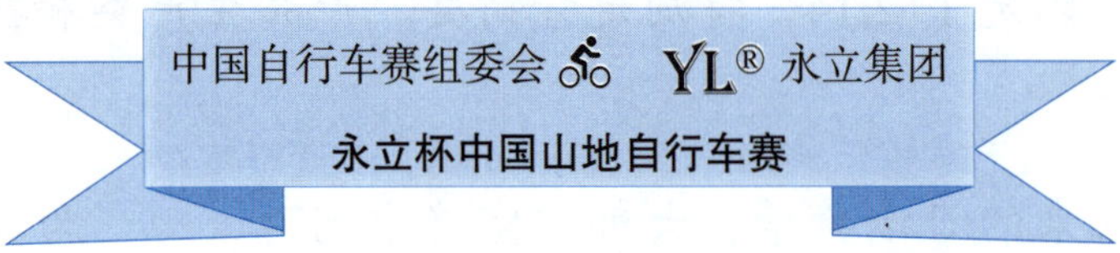

5. 形象代言人

五、找出下列句子的主干。

1. 1987 年，我们用 1500 块钱在家里的一个小房间办起了这个企业。

   主干：______________________________

2. 我们以代工的形式把物美价廉的产品卖到全球。

   主干：______________________________

3. 特步的诞生地泉州是中国的品牌之都，也是中国的鞋都。

   主干：______________________________

4. 特步从一开始的目标就是要打造全球第一的时尚品牌，要成为这个行业的领军者。

   主干：______________________________

5. 我们首创偶像艺人代言体育用品的方式，扩大了特步品牌在少男少女中的影响力。

   主干：______________________________

六、将下面的句子改写为口语体。（加点的部分必须替换为口语词语）

1. 很高兴跟大家分享特步的成长历程。

   ____

2. 我们以代工的形式把物美价廉的产品卖到全球。

   ____

3. 当时物资非常紧缺。

____

4. 特步的诞生地泉州是中国的品牌之都，也是中国的鞋都。

____

5. 很多体育用品企业把自己的品牌定位为运动品牌，以请运动员代言为主要的推广方式。

____

6. 我们首创偶像艺人代言体育用品的方式。

____

七、根据课文选择正确答案。

1. 课文中的讲话可能发生在什么样的场合？（　　）
   A. 学校课堂　B. 企业内部会议　C. 行业会议　D. 家庭聚会
2. 说话人讲话的目的是什么？（　　）
   A. 寻找商机　B. 交流经验　C. 为产品代言　D. 培训员工
3. 说话人根据什么安排的演讲内容？（　　）
   A. 时间顺序　B. 重要程度　C. 因果关系　D. 空间位置
4. 为什么一开始“人家熟悉的是企业的名字，而不是商品的品牌”？（　　）
   A. 因为没有代言人　B. 因为是为其他品牌代工
   C. 因为没有赞助体育活动　D. 因为大环境影响
5. 下面哪个不是说话人创办特步的原因？（　　）
   A. 国家提倡中国要成为世界的工厂　B. 国家提倡创造自主品牌
   C. 泉州的商业环境影响　D. 希望把企业做长做久
6. 特步为什么选择偶像艺人作为代言人？（　　）
   A. 想成为这个行业的领军者　B. 要采用差异化的营销策略
   C. 品牌定位是运动用品　D. 想扩大品牌对运动员的影响力

7. 特步的体育营销策略的核心是什么？(　　)

A. 与国外运动赛事合作　　B. 与国内运动项目合作

C. 与跑步运动项目合作　　D. 与时尚运动项目合作

8. 下列事情分别发生在特步发展的哪个阶段？

A. 创办商品品牌　　B. 赞助跑步运动项目

C. 赞助足球比赛　　D. 不用担心销售情况

E. 客户主动加价　　F. 请偶像艺人代言

G. 用 1500 块钱办企业　　H. 为别的企业代工

I. 在家里创办企业　　J. 以企业为品牌

八、读后分析。

1. 归纳一下特步是如何打造品牌的。

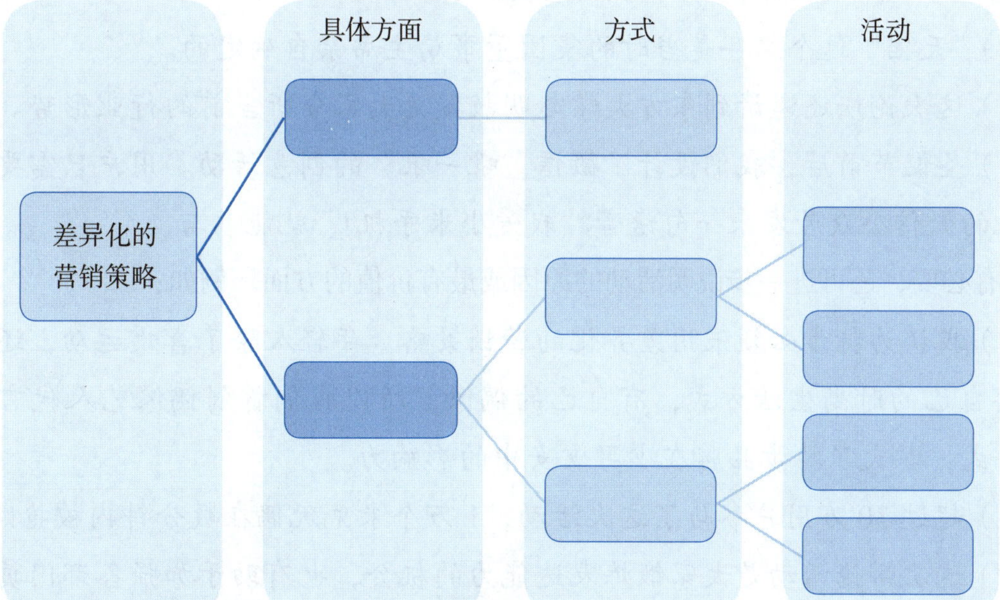

2. 根据上面的图表，口头复述特步的差异化营销策略的具体内容。

4 能力训练

语言能力 简要介绍商业行为

商务人士常常会遇到需要说明一些商业行为的情况。比如在参加会议、交流工作、接受采访时，口头或书面简要介绍商业活动、工作进度、项目安排、品牌建设等内容。如果时间或篇幅有限，商业行为的介绍应该简明扼要。

比如介绍商业活动，抓住关键的五个 W—— When（时间）、Where（地点）、What（内容）、Who（负责人、参与者）、Why（原因、意义）。内容安排主要以时间为序，然后具体介绍所涉及的地点和内容。例如：

（1）特步的发展可以分成三个阶段。20 世纪 80 年代是企业的成立期，90 年代是企业的高速发展期，21 世纪是品牌的打造期。

（2）2011 年淘宝商城从淘宝拆分出来并独立运营。第二年开始用“天猫”作为品牌名称，不再使用“淘宝商城”这个名称。

（3）我们公司将在这个月举办两场活动。10 月 17 号组织全体员工参加户外拓展训练；20 号是辩论会，以部门为单位，围绕指定的话题进行分组辩论。

必要时，可以提及各个环节的负责人或参与者。例如：

（4）“天猫”这个名字是当时的集团董事局主席亲自确定的。

（5）这次论坛还邀请到东方大学赵明教授为大家分析当前的行业形势。

（6）圣诞节前后，我们设计了微信“吼一吼”的创意活动。用户只需要对着小米手机的微信公众号发来一句语音“我爱小米手机！”就能参与。

如有必要，还可进一步说明活动的原因或最有价值的方面。例如：

（7）我认为特步必须采用差异化的营销策略。年轻人除了喜欢运动，还喜欢音乐，有自己的时尚生活方式，有自己的偶像，所以我们首创偶像艺人代言体育用品的方式，扩大了特步品牌在少男少女中的影响力。

（8）超过 30 万用户参与了这次活动，1 万个米兔玩偶在数分钟内被抢购一空。

（9）这次辩论活动是大家锻炼表达能力的机会，也有助于加强各部门员工之间的沟通与合作。

练习

阅读短文，完成表格。

去年6月，微信公众号刚刚兴起，我负责跟新媒体的同事一起讨论要不要利用微信做营销，当时我们内部很犹豫。我让小米网的主管们先暂停使用米聊，尝试用微信三个月，从9月一直持续到12月，弄明白如何展开微信作为新媒体的运营工作。

今年2月，我们决定做微信运营，这时候才真正开始组建团队。

5月，当我们的粉丝达到60万的时候，我们尝试了在微信上发F码。仅一天的时间，F码发放数量就达到45万，粉丝数量增长了25万。领取F码后，一小时内我们的销售额就达到了5500万。

7月，我们想尝试在微信上做一次新品发布会。今年年底，正好微信推出了支付功能，想提升微信支付的绑卡量。于是我们和腾讯合作在微信上做了一个小米新款手机的销售专场。这次的效果是15万台小米手机9分55秒售完，粉丝增长了180万，数量达440万。

我们决定针对微信的语音功能做点儿有趣的尝试。今年12月圣诞节前后，我们设计了微信"吼一吼"的创意活动。用户只需要对着小米手机的微信公众号发来一句语音"我爱小米手机!"就能参与。音量高的用户有机会中奖，还能够以极优惠的价格购买米兔玩偶。很快，超过30万用户参与了这次活动，1万个米兔玩偶在数分钟内被抢购一空。

就这样，不到一年时间，小米手机微信公众号的粉丝量超过500万，成为最大的企业公众号之一。

（改写自《参与感：小米口碑营销内部手册》，黎万强）

时间	活动
去年9月到12月	试用微信
今年2月	决定____________，开始____________

情景任务 参加论坛

角色：你是研究品牌问题的专家。

情景：你将在下面这个专业论坛上发表演讲，分享你的看法。

全球品牌论坛

5 月 22 ～ 24 日

主题：打造品牌的重要因素

打造品牌有很多重要的因素，比如名字、标志、广告、媒体、时间、地点、代言人、资金……欢迎世界观点和全球经验在此碰撞！

要求：

1. 写一个 400 字左右的演讲稿，明确你的观点，并用两个案例证明你的看法。

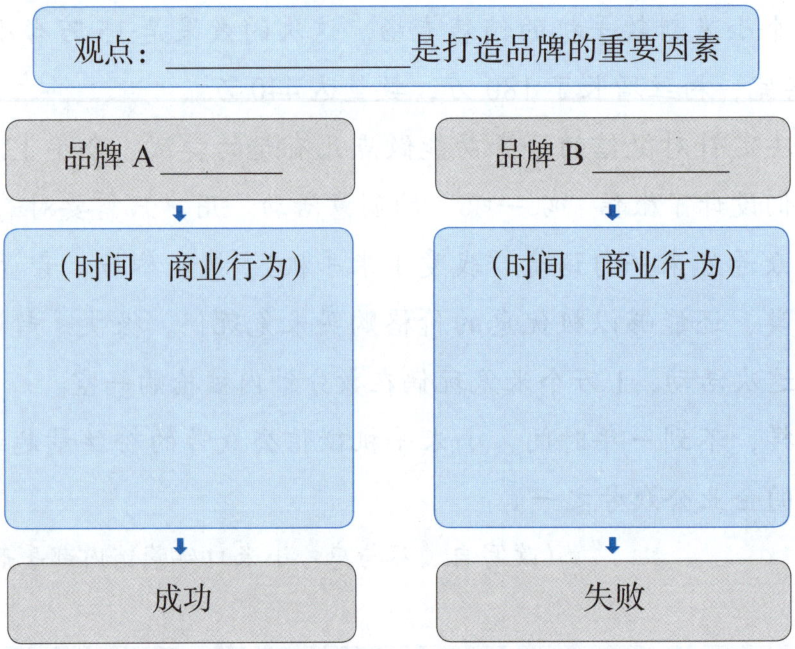

2. 根据演讲稿，每个人在全班或小组内发表演讲。

3. 边听其他同学的演讲边把他们的观点简要记录下来。

第 4 课　品牌定位

1 热　身

小组活动

你们公司计划推出下面这种产品，并借此打造自己的品牌。

"普洱茶"产自云南省普洱市，有强大的保健功能和迷人的口感。主要作用有：

- 降脂、减肥、降压、抗动脉硬化
- 健牙护齿
- 养胃、护胃
- 醒酒
- 美容养颜、抗衰老

普洱茶贵在"陈"，被称为"可入口的古董"。优质普洱茶在合适的储存条件下，品质在一定时间内会随储存时间的延长而更加香醇。

1. 将品牌名字及对应的品牌形象连起来，然后选择一组作为你们公司的品牌名称及形象。

品牌名称	品牌形象
A. 普益	1. 健康
B. 龙润	2. 大众
C. 小友	3. 传统
D. 茶马史诗	4. 高端

2. 在确定品牌名称和形象定位的基础上，策划一个品牌推广活动，在自己的国家推广这个品牌。

要求：活动内容和地点必须符合品牌形象

时间范围为 12 个月以内

不能涉及销售活动

时间	
地点 / 媒体	
活动	

3. 分组报告，记录各小组的活动概要，并把各个小组的活动方案按时间顺序列出来。

时间	地点	活动

2 课 文

淘宝商城更名 4-1

品牌理论认为，品牌的调整变化有两种情况，一种是被动的，如被起诉等；还有一种则是主动的。品牌主动改变的原因有两种，一种是品牌老化，如李宁因为自己的用户群体超过30岁，转而更换商标和宣传语，试图接近“90后”消费者；另一种则是品牌战略需要，通过变化来突出品牌的定位，淘宝商城更名为“天猫”就属于这种情况。

淘宝商城一直被认为是阿里巴巴集团旗下最具价值的资产之一。它2011年6月从淘宝拆分出来并独立运营，随后宣布全面开放B2C平台。这使得淘宝商城和阿里巴巴网（B2B业务）、淘宝网（C2C业务）并驾齐驱。同年，淘宝商城的交易规模就达到了1000亿元，超过国内B2C市场份额的一半，网站流量在国内B2C网站内排名第一。

淘宝商城依靠与淘宝网相似的名字快速提升了流量和人气。但另一方面，淘宝商城和淘宝网子母品牌的关系也存在不少弊端。虽然淘宝商城和淘宝网定位不同，但对于大多数用户而言，淘宝商城和淘宝网两家公司的概念依然模糊。淘宝商城发展到一定阶段必定需要自己独立的品牌，可淘宝商城和淘宝网这种容易混淆的名字却成了明晰品牌的阻力。

2012年1月11日，这个B2C平台宣布不再使用“淘宝商城”的中文名，而代之以“天猫”这个新名称。“天猫”取自淘宝商城英文名“Tmall”的谐音，是阿里巴巴集团董事局主席马云亲自确定的，表达出阿里巴巴B2C业务新的关键词——性感而时尚，还可以进一步拉大阿里巴巴B2C业务与C2C集市的区分度。

此后，天猫与淘宝网呈现出两种不同的发展业态：淘宝网集中了C2C卖家和小型B2C商家，是创业者的孵化地；而天猫成为B2C业态中的领军品牌，面向更为成熟的商户。淘宝商城改名天猫，意味着阿里巴巴集团电子商务生态体系的战略性升级已经完成。

（改写自《启用天猫：阿里巴巴集团 B2C 战略提速》，《中国经济时报》，2012.1.12；《Tmall 改名“天猫”》，《劳动报》）

词语表

4-2

1. 更名	gēngmíng	动	更换名字或名称。
	由于主营业务、发展战略的变化，天海投资公司的证券简称由“天海投资”更名为“海航科技”。		
2. 起诉	qǐsù	动	向法院提起诉讼。
	这家蛋糕店被起诉的原因是未经授权就使用卡通形象“喜羊羊”做蛋糕。		
3. 宣传语	xuānchuányǔ		即广告语，通过各种媒体向公众介绍商品、服务的宣传用语。
	此次 HTC 更换宣传语是为了给自己一个新的开始。		
4. 旗下	qíxià	名	下属，部下。
	这家公司旗下有近百个自主品牌。		
5. 资产	zīchǎn	名	企业、机构或个人拥有或控制的财产、资金。
	有学者认为，数据会成为政府和企业最有价值的资产。		
6. 拆分	chāifēn	动	将整体事物拆开分解。
	全球著名的化工集团阿科玛从其母公司道达尔集团拆分出来，随后独立上市。		
7. 运营	yùnyíng	动	（企业、机构）有组织地进行工作。
	京东昨日宣布，成立京东物流子集团，物流业务正式独立运营。		
8. 并驾齐驱	bìngjià-qíqū		并排套着几匹马一齐快跑。比喻不分前后，或比喻地位、程度相等，不分高下。
	业内人士认为，这家公司两年后在实力上将和行业领军者并驾齐驱。		

9. 份额	fèn'é	名	整体中分占的比例。
	这个凉茶品牌以 52.1% 的市场份额位居首位。		
10. 流量	liúliàng	名	单位时间内通过某处的人员、车辆等的数量，也指一定时间内网站的访问量。
	我们必须更好地建设网站，吸引更多访客，提升网站流量。		
11. 人气	rénqì	名	人或事物受欢迎的程度。
	国庆期间，各大商场为了提升人气，纷纷开展促销活动。		
12. 弊端	bìduān	名	（事物的）毛病、缺点。
	家族企业“父传子，子传孙”的模式有不少弊端。		
13. 阻力	zǔlì	名	阻碍事物发展或前进的外力。
	高额债务成了绿城公司上市的最大阻力。		
14. 集市	jíshì	名	（农村或小城镇中）买卖货物的市场。
	东莞创意集市昨天开张，吸引了不少手工达人、艺术达人前来摆摊。		
15. 业态	yètài	名	业务经营的形式。
	商业业态包括百货店、超级市场、大型综合超市、便利店、专业市场（主题商城）、专卖店、购物中心和仓储式商场等多种形式。		
16. 孵化地	fūhuàdì		孕育新事物的地方。
	美术学院是学生艺术梦想的孵化地。		
17. 意味着	yìwèizhe	动	含有某种意义。
	公司新一轮融资遇到阻力，但这并不意味着公司会倒闭。		

专有名词

1. 淘宝商城	Táobǎo Shāngchéng	阿里巴巴集团旗下的综合性购物网站，现更名为“天猫”。
2. 李宁（公司）	Lǐ Níng (gōngsī)	中国的一个运动用品品牌。
3. 天猫	Tiānmāo	原名淘宝商城，阿里巴巴集团旗下的综合性购物网站。
4. 阿里巴巴集团	Ālǐbābā Jítuán	中国知名互联网企业。

5. 阿里巴巴网	Ālǐbābā Wǎng	阿里巴巴批发网（1688.com），是全球企业间（B2B）采购批发的电子商务平台。
6. 淘宝网	Táobǎo Wǎng	阿里巴巴集团的网购零售平台。
7. B2C		（Business-to-Customer）电子商务的一种模式，企业在网上直接面向消费者销售产品和服务。如亚马逊、京东商城（jd.com）等。
8. B2B		（Business-to-Business）企业对企业的电子商务模式。如阿里巴巴、慧聪网、敦煌网等。
9. C2C		（Customer-to-Customer）个人与个人之间的电子商务。如 eBay、淘宝、易趣等。

3 练　习

一、根据词语和拼音，选择正确的汉字填空。

zǔ（　　）力　阻　助

jià 并（　　）齐驱　架　驾

xuān（　　）传　宣　宜

fū（　　）化　浮　孵

二、根据描述市场表现的不同角度为下列短语进行分类。

A. 全球知名　E. 销量高　I. 声誉良好

B. 生意红火　F. 需求低迷　J. 票房大卖

C. 人气旺　G. 业绩衰退　K. 销量爆棚

D. 口碑极差　H. 销售火爆　L. 评价最佳

整体情况　销售情况　需求度　受欢迎程度　美誉度　认知度

语言知识

描述市场表现的不同角度及相应的词语：

角度	例子
整体情况	预祝贵公司生意兴隆！
销售情况	这是我们公司今年销量最高的产品。
需求度	消费者对高端白酒需求旺盛。市场已步入卖方市场。
受欢迎程度	这款游戏在女性粉丝中的人气非常高。
美誉度	这款 SUV 汽车是今年刚上市的，销量口碑都很好。 这个品牌的产品质量上乘，做工精细，声誉良好。
认知度	想开加盟式的洗衣店，最好选择有较高知名度的品牌。 美国威富集团拥有 30 多个世界知名品牌。

三、选择恰当的词语，完成下面的句子。(注意与加点词语的搭配)

份额	阻力	旗下	弊端	宣传语
运营	流量	人气	业态	并驾齐驱

1. 这套改革方案能解决管理上的根本问题，但仍有不少________，还需要进一步完善。
2. 河北钢铁公司已拥有证券、期货、机械制造以及电子商务等多种________。
3. 在全国各大家电卖场，海尔洗衣机打出了新更换的________——“安静平稳”，替换了之前的“洁净护衣”。
4. 对于新开楼盘来说，采取低价入市策略可以快速提升________。
5. 百度游戏宣布更名为多酷游戏，百度已将这项业务拆分出去独立________。
6. 在互联网上做营销，如何有效提高________一直是困扰中小企业的难题。
7. 20 世纪 70 年代，一汽集团的红旗轿车和上汽集团的上海轿车________，曾有“北红旗、南上海”的说法。
8. 受日益趋紧的房贷政策影响，先买小户型作为过渡的做法，非但不会为换第二套房节省成本，反而会成为换房的________。
9. 截至今年 2 月，全球范围内使用最多的浏览器是 IE，其市场________为 44.79%。
10. 近日，吉利集团与丰田（TOYOTA）________的爱信合作，在中国合资组建新公司。

四、用指定的词语描述图片或图表。

1. 份额

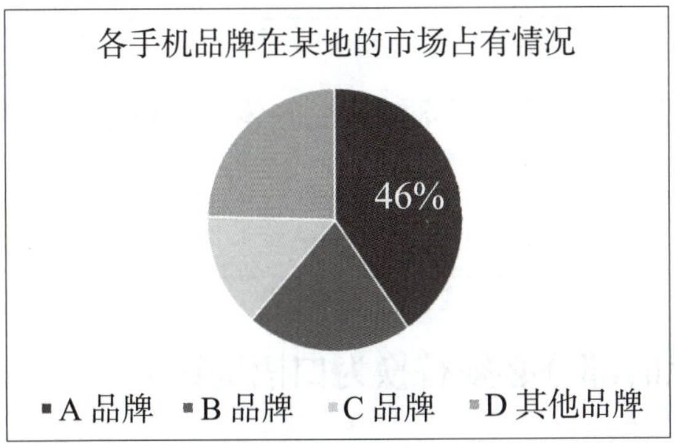

2. 弊端、阻力

3. 人气、运营

4. 资产

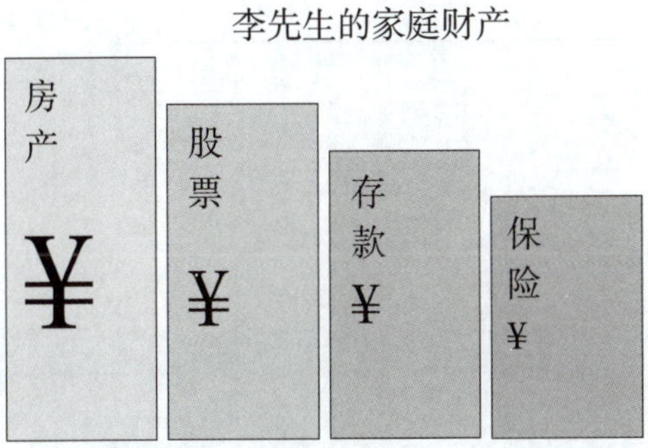

五、找出下列句子的主干。

1. 对于大多数用户而言，淘宝商城和淘宝网两家公司的概念依然模糊。

主干：________________________________

2. 淘宝商城和淘宝网这种容易混淆的名字却成了明晰品牌的阻力。

主干：________________________________

3.“天猫”取自淘宝商城英文名“Tmall”的谐音，是阿里巴巴集团董事局主席马云亲自确定的。

主干：____

4. 淘宝商城改名天猫，意味着阿里巴巴集团电子商务生态体系的战略性升级已经完成。

主干：____

六、将下面的句子改写为口语体。（加点的部分必须替换为口语词语）

1. 淘宝商城一直被认为是阿里巴巴集团旗下最具价值的资产之一。

____

2. 这个B2C平台宣布不再使用“淘宝商城”的中文名，而代之以“天猫”这个新名称。

____

3.“天猫”这个名字还可以进一步拉大阿里巴巴B2C业务与C2C集市的区分度。

____

七、根据课文回答下面的问题。

1. 根据课文第一段，完成下面的图表。

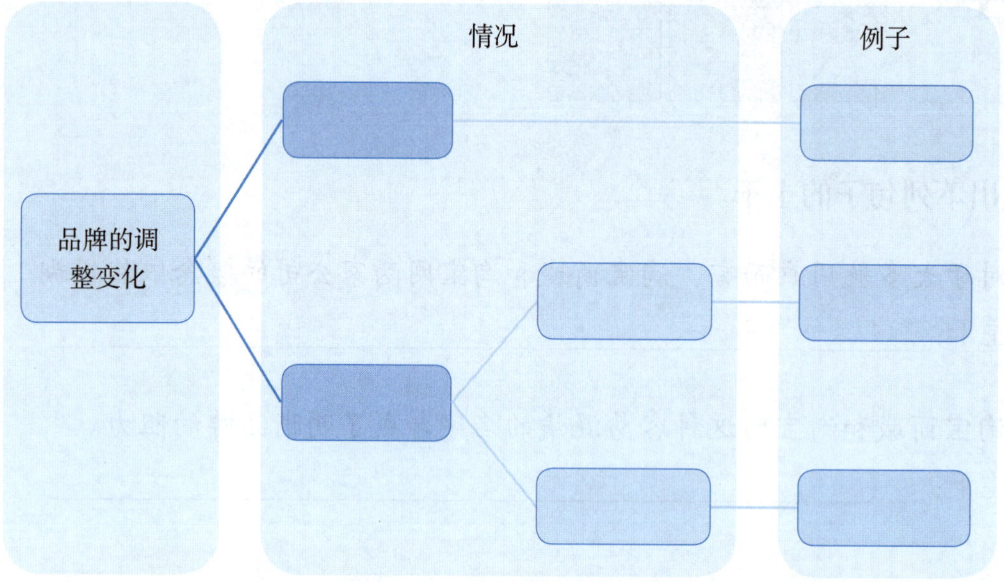

2. 淘宝商城是什么时候出现的？它的市场表现如何？

____

____

3. 淘宝商城和淘宝网是什么关系？这种关系对淘宝商城的发展有什么影响？

____

____

4. 淘宝商城是何时更名的？新名字是什么？为什么叫这个名字？谁决定的？

____

____

5. 对阿里巴巴而言，淘宝商城改名有什么意义？

____

____

八、读后分析。

1. 根据课文内容，写出下列商业活动的时间，然后按时间顺序排列。

A	淘宝商城交易规模超过国内 B2C 市场份额的一半，网站流量排名第一。
B	淘宝商城全面开放 B2C 平台。
C	Tmall 不再用“淘宝商城”这个名称，改名为“天猫”。
D	原淘宝网拆分成淘宝商城、淘宝网等多家公司。

顺序：____

2. 用自己的话说说“天猫”品牌的建立过程、原因以及意义。

4 能力训练

语言能力 具体说明商业行为

介绍商业活动时，如果说话时间或文章长度允许，除了说明活动的“5个W”，还可以根据写作目的、阅读对象、篇幅要求，详细说明活动的原因或背景、意义与价值。如：

（1）淘宝商城依靠与淘宝网相似的名字快速提升了流量和人气。但另一方面，淘宝商城和淘宝网子母品牌的关系也存在不少弊端。……这种容易混淆的名字成了明晰品牌的阻力。

（2）淘宝商城改名天猫，意味着阿里巴巴集团电子商务生态体系的战略性升级已经完成。

如果是研究分析类的文章，还可以运用相关的专业理论，对商业行为的特点在本质上做进一步的分析和评价。如：

（3）品牌理论认为，品牌更名有两种情况，一种是……，另一种则是……，淘宝商城更名为天猫就属于这一种。

练习

阅读短文，回答问题。

7年前，聂云宸有感于很难找到用料单纯又好喝的茶饮，打算自己开一家茶饮店，并于当年8月份想好名字“皇茶”（royaltea）。第二年的5月12日，第一家皇茶小店在广东省江门市九中街开张。

由于口味、包装、营销方式上贴近年轻消费人群，皇茶赢得了市场的青睐，吸引了一大波年轻人，他们不惜排长队也要来这里喝上一杯奶茶。皇茶的门店由东莞、中山、佛山一路拓展到广州、深圳。在不断扩张的同时，市场上也涌现出各种“皇茶”店铺，大家都不知道哪家才是正宗的，这直接对“皇茶”的品牌形成了冲击。

品牌创立者聂云宸当初忽视了商标注册的问题，当他意识到问题的严重性时，才发现“皇茶”已经成了一个通用词，无法单独注册成为商标，只要用“~皇茶”“皇茶~”的形式就可以注册商标，因此很容易被模仿。为此，聂云宸及他的团队想尽办法，但效果总不理想。

长痛不如短痛，聂云宸综合考虑了各种情况，决定即使要承担一段时间内营业额下降的损失和风险，也只能放弃“皇茶”这个名称，消除品牌长久发展的阻力。创业的第五年，他花70多万买下别人已经注册好的商标“喜茶”(HEEKCAA)，从此他的所有店铺更换新名。

虽然商标换了，但生意依然火爆，喜茶的门店遍布珠三角地区的一、二线城市，并且尝试进军全国市场。此时聂云宸又发现，“HEEKCAA”是“喜茶”的粤语发音，很多外地人并不会读。为了方便品牌的传播，今年初他又注册了“HEYTEA”，替换了原来的英文商标“HEEKCAA”。

皇茶“自断一臂”是为了长久保护自己的品牌，也提醒大家要有品牌保护意识。更名意味着不断塑造和明确自己的品牌形象。

1. 请用图表归纳出“喜茶”的更名过程。

____

____

2. “喜茶”更名的原因是什么?

____

____

3. “喜茶”更名的意义是什么?

____

____

情景任务 研究案例

角色：你是研究品牌问题的专家。

情景：你正在研究你们国家品牌更名的现象，准备写一个案例研究报告。

要求：

1. 说明你们国家某个品牌名称的变化过程和原因。

2. 结合这个品牌更名的结果和意义，分析更名是否成功。
3. 字数：300 ～ 400 字。

5 扩展阅读

问题

1. 网易云音乐的定位是什么？
2. 为什么说这个品牌的营销方式“上天入地”？
3. 这个品牌何时何地举行了哪些营销活动？
4. 网易云音乐营销活动的核心是什么？
5. 请用表格归纳该品牌营销的主要方式。

“上天入地”的品牌营销

“网易云音乐”是一款专注于发现与分享，带有轻社交属性的音乐 APP 产品。自上线以来，用户数 4 年突破 3 亿。这一数字的实现离不开成熟的品牌营销手段。今年他们又玩儿出了“上天入地”的新花样。

乐评专列

3 月 20 日，登上杭州地铁 1 号线的乘客都被眼前一抹鲜艳的红色吸引住了。车内的色调采用了网易云音乐的主题色——红色。86 条精选出来的用户乐评布满地铁车厢：

“十年前你说生如夏花般绚烂，十年后你说平凡才是唯一的答案。”

“年轻时我想变成任何人，除了我自己。”

“我不喜欢这世界，我只喜欢你。”

……

地铁本是一个很容易滋生孤独情绪和疲惫感的场所，在这里投放这样感性的乐评，成功地抓住了受众的痛点。这场营销活动被全国网友在各个社交媒体分享、讨论，引起了很多品牌的跟风。

音乐专机

当许多品牌还在模仿着他们承包一列地铁大秀形象的时候，网易云音乐已经把手伸向了蓝天。6 月 5 日，网易云音乐和扬子江航空联合打造国内首趟“音乐专机”。当天，从上海飞往海南的几百名旅客有幸体验了一次三万英尺的音乐旅程。

机舱内部采用红白色调，并点缀着黑胶唱片等音乐元素；座椅头巾上画着代表不同音乐风格的可爱动物。行李架和小桌板上印着网易云音乐精选的歌单，旅客只需打开航空公司预备的平板电脑，戴上音质超凡的耳机，就可以开启符合自己口味的音乐模式，把枯燥的飞行变成轻松愉快的音乐之旅。

跨界营销

8月7日，网易云音乐联合农夫山泉在全国69个城市推出了首款限量版“乐瓶”，并在京东同步发售。网易云音乐标志性的黑胶唱片图案和用户乐评分布于农夫山泉瓶身。用手机扫描二维码还能打开相关的歌单。

这次活动还创新地采用了热门的虚拟技术，用户不仅能“看”，还能扫描定制虚拟星空，增强了互动性和用户的分享欲。

跨界营销使得双方都能在拓宽用户渠道的同时增强品牌的美誉度。借助农夫山泉的品牌认知度，网易云可进一步将音乐体验融入用户的生活场景。

网易云音乐的推广活动始终围绕特色歌单与乐评两大核心。由于其中大量内容是用户“生产”的，所以只要有活跃的用户，就基本不存在内容枯竭的问题。

（改写自《2017上半年，网易云音乐的营销已经做到“上天入地”了》）

团队任务

任务说明

你们家乡的特产明年将开始在本地销售，今年要先进行品牌推广。请制订一个推广计划。

任务要求

（1）**产品**：选择自己家乡的一种特产。

（2）**品牌**：形象、名称自定。

（3）**推广方案**：策划一年内在本地（你目前生活的城市）的品牌推广系列活动。

- 活动必须能体现品牌形象；
- 活动内容：具体时间、地点、安排、相关人员；
- 活动形式：至少三种（事件营销、赞助、广告、代言人、植入广告……），但不涉及销售活动。

任务步骤

分组	组成小组，确定组长、时间安排及分工等内容
确定品牌	确定要推广的特产 确定品牌的形象、定位、中文名称
设计活动	每个推广活动的具体安排（时间、地点 / 渠道等）及理由
口头 / 书面报告	背景：产品及品牌简介 主要内容：推广活动方案（具体安排及理由）

第三单元　市场细分

下图反映出消费者群体具有什么特点？市场出现了什么现象？

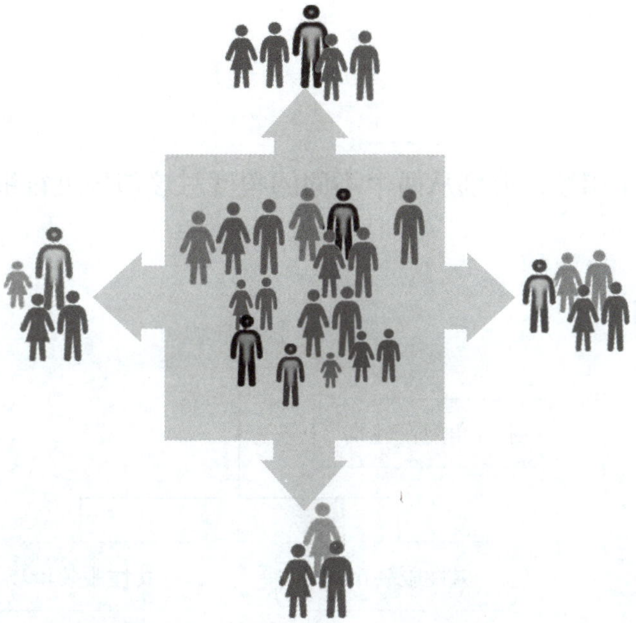

市场细分就是根据消费者的需求、购买行为和购买习惯等方面的差异，把某一产品的市场整体划分为若干消费者群体。

通过市场细分，可以发现很多有趣和有价值的商业现象。商务人士必须能够描述和分析这些现象。在本单元，我们将围绕这一能力展开学习与训练。

能力项目	掌握说明某个商业现象或经济现象的主要方法
商务词语	用“温度”义的词语描述市场情况
	了解企业和产品中文名称的结构
专业知识	理解并运用市场细分的方法
	分辨红海和蓝海的概念
背景知识	了解细分市场的方法

第 5 课　市场的细分化

1 热　身

小组讨论

仿照例子，选择一个市场，分别从两个不同的角度对该市场进行细分。

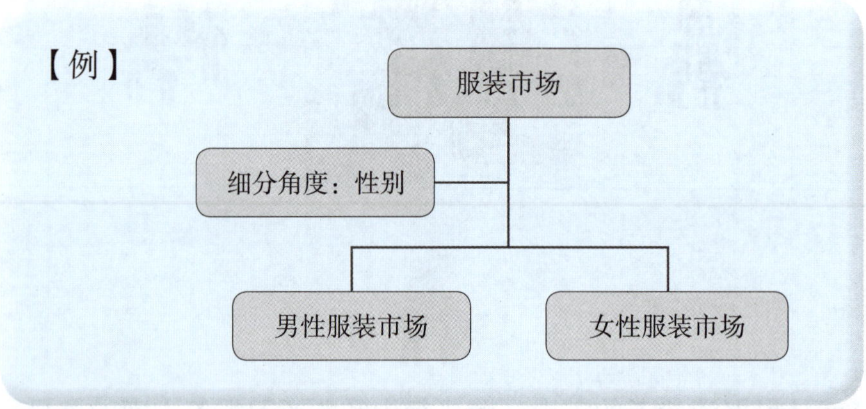

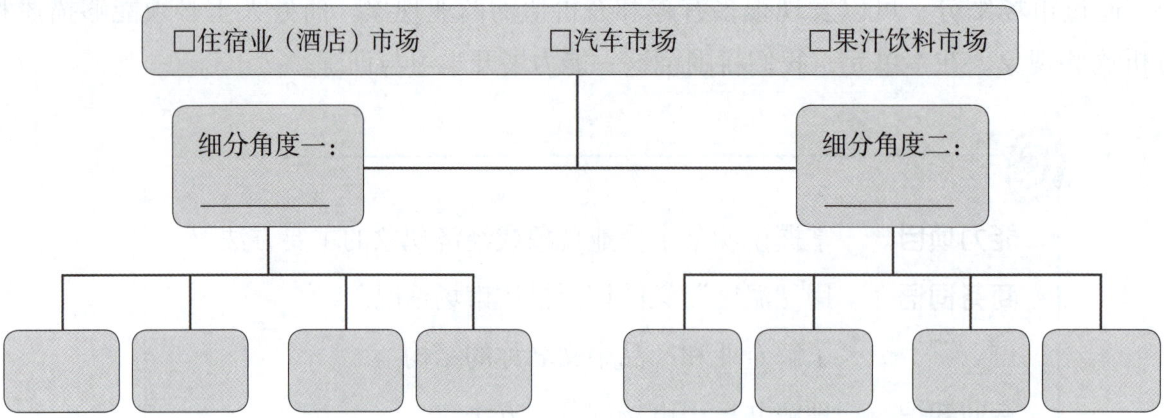

2 课 文

细分市场的新现象 5-1

A. 住宿业（酒店）市场

住宿业包括一系列的住宿机构和企业，分别针对不同的需求。比如，星级酒店满足旅游需求和商务需求，经济型酒店满足一般商务需求，度假村满足新兴的休闲需求，培训中心满足会议需求和单位需求，招待所满足一般公务需求，社会旅馆满足多层次的社会需求。从这个角度研究住宿业市场，可以发现细分市场之间出现了互相融合、转化的现象。比如说，有些度假村增加了会议方面的功能，有些社会旅馆经过更新改造变成了酒店。这就是极其复杂的住宿业市场。

B. 汽车市场

消费者的需求千差万别，使 SUV 汽车市场向着多元化、再细分的方向发展，以差异化的产品迎合消费需求。主流 SUV 款式凭借技术和价格覆盖了绝大部分消费者的需求，在整个市场占有绝对优势。但受家庭成员结构的影响，空间大、安全的中型 SUV 车型为消费者提供了更多选择空间，在市场上逐渐走热。另外，豪华品牌入门级 SUV 通过平民化的价格，让一部分消费者体验到了豪华品牌的优越品质。最近几年还兴起了一个细分市场——小型 SUV。虽然上市不足两年，但已经有多款产品进入 SUV 市场销量的前 20 名。

C. 果汁饮料市场

在碳酸饮料流行的 20 世纪 90 年代初期，汇源集团就开始专注于各种果汁饮料市场的开发。其产品线从鲜桃汁、鲜橙汁、苹果汁扩展到酸枣汁、山楂汁、果肉型鲜桃汁、葡萄汁、蓝莓汁等。这种从产品广度进行的市场细分充分满足了当时人们对于营养健康的需求，使汇源成为当时的行业领军者。

但随着统一、可口可乐、百事可乐、娃哈哈等企业纷纷杀入，果汁饮料市场变成一片红海。当客户的需求逐渐多元化和复杂化，特别是情感因素对购买越来越有影响力的时候，竞争已经由产品的广度覆盖向需求的深度细分发展了。这时应该根据需求进行深度细分，重新找到目标市场。比如统一集团的“鲜橙多”将追求健康、美丽、个性的年轻时尚女性作为目标市场。再看可口可乐，他们专门针对儿童市场推出了果汁饮料“酷儿”。而汇源果汁只是一直坚持从广度细分出“喝木瓜汁的人群”“喝酸枣汁的人群”“喝山楂汁的人群”，这些没有明显个性特征的目标群体在红海竞争中失去细分价值。汇源因此逐渐失去了果汁饮料市场的领军地位。

（A. 改写自《精耕细作：酒店市场细分化》，魏小安，第四届中国会议经济与会议酒店发展大会的演讲，2011.11.12；B. 改写自《SUV 市场呈现四细分领域 消费需求多元化》，刘隽刚，《重庆商报》，2014.10.28；C. 改写自《从汇源谈深度动态市场细分》，周春兵，《南风窗：新营销》，2004 年第 7 期）

词语表 5-2

1. 度假村 dùjiàcūn 名 一种供人们旅游度假居住的场所，多建在风景优美的地方。

   这座度假村是本地区规模最大的旅游度假村。

2. 新兴 xīnxīng 形 最近兴起的。

   人们对温泉旅游产品的需求不仅是为了养生，还有寻求文化体验这种新兴的需求。

3. 招待所 zhāodàisuǒ 名 单位设置的接待宾客或来往业务人员住宿的场所。

   20 世纪 80 年代初期，中国企业的职工到外地出差，必须有单位介绍信，才能在招待所住宿。

4. 旅馆 lǚguǎn 名 营业性的供旅客住宿的地方。

   经济型酒店、商务酒店、家庭旅社、单位招待所等社会旅馆遍布本市。

5. 融合 rónghé 动 几种不同的事物合成一体。

他在会议上表示，数字经济和实体经济是互相融合的。

6. 转化 zhuǎnhuà 动 转变，改变。

电商需要将自己的网站访客转化为忠实的顾客。

7. 多元化 duōyuánhuà 动 由单一向多样发展。

报告显示，当代年轻人的理财方式不再局限于银行存款这种单一方式，他们的理财需求日益多元化。

8. 迎合 yínghé 动 在言语或行为上故意符合、顺从别人的心意。

新一代的茶饮店以崭新的营销方式迎合了客户求新、求变的需求。

9. 款式 kuǎnshì 名 样式。

秋冬季大衣的三大主流款式是 A 型、H 型和 O 型。

10. 覆盖 fùgài 动 遮盖。

该公司的销售网络覆盖全球 190 多个国家和地区。

11. 走热 zǒurè 动 逐渐受人欢迎和关注。

海南楼市逐渐走热，吸引了越来越多的房企进入。

12. 平民化 píngmínhuà 变得普通而适合大众。

花商开始转变经营策略，靠平民化的价格来打开销路。

13. 品质 pǐnzhì 名 物品的质量。

这家企业凭借品质优越的产品和完善周到的服务，迅速获得市场的青睐。

14. 兴起 xīngqǐ 动 开始出现并兴盛起来。

直播带货市场自 2020 年以后逐渐兴起，之前主要是市场培育期。

15. 产品线 chǎnpǐnxiàn 企业生产的一系列相关产品，这类产品可能功能相似，顾客群和销售渠道相同，或者在同一价格范围内。

目前我们只有三个国产车型，今年年底会把产品线扩展到八个。

16. 杀入 shārù 进入（战斗的地方或竞争的领域）。

很多房地产商纷纷杀入商业地产领域，使原本已经激烈的竞争再度加剧。

17. 红海	hónghǎi	名	竞争相当激烈的市场。与“蓝海”相对。
	共享单车市场已是一片红海，随便在应用商店搜索，就会跳出几十个共享单车 APP。		
18. 目标市场	mùbiāo shìchǎng		企业在市场细分的基础上所选择的，作为销售或服务对象的那部分消费者群体。
	Swatch 推出智能手表，主要以中国作为目标市场。		

专有名词

1. 汇源集团	Huìyuán Jítuán	一家以果汁产业为主体的中国企业。
2. 统一	Tǒngyī	中国台湾的一家以饮料和方便面为主要产品的食品公司。
3. 可口可乐	Kěkǒu Kělè	来自美国的一家饮料公司和果汁饮料经销商。
4. 百事可乐	Bǎishì Kělè	来自美国的一家食品和饮料公司。
5. 娃哈哈	Wáhāhā	中国的一家大型食品饮料企业集团。

3 练习

一、根据词语和拼音，选择正确的汉字填空。

fù	dài	lǚ	xīng	yíng
（ ）盖	招（ ）所	（ ）馆	新（ ）	（ ）合
复 覆	待 侍	旅 派	头 兴	迎 抑

二、找出下列句子中描述商业“温度”的词语及其搭配。

1. 店铺中只有这两款热销产品销量不错，其他产品都处于滞销状态。
2. 如果遇到生意冷淡、产品难以销售的情况，经营者都会想尽办法让产品再次热卖。
3. 上半年我市房地产市场持续升温，特别是二季度，尤其火热。
4. 中型 SUV 车为消费者提供了更多选择空间，在市场上逐渐走热。
5. 今年 9 月，市场虽有小幅回升，但整个市场未能回暖。
6. 中国企业海外并购过热的现象降温，对外投资结构趋于优化。

语言知识

用“温度”比喻商业的词语

一些词语用“温度”来比喻市场或产品受欢迎、被关注的程度。如：

（1）今年花市生意相对冷清，不如往年红火。

（2）这款车在欧洲卖得异常火爆，在国内却受冷，这不仅仅是因为价格。

（3）俗话说“富不过三代”，说的是一个家族兴旺富贵往往不会超过三代人。

（4）传统商业百货日益趋冷，而以写字楼为主体的“商业地产”却持续走热。

（5）报告显示，意大利经济正加速回暖，经济发展前景呈积极态势。

（6）楼市在 7～8 月的淡季降温比较明显，二手房价格环比大幅下跌。

（7）目前通州区的房地产市场较为火热。

（8）上半年中国石油和钢铁市场冰火两重天，钢铁市场是亚洲市场中表现最好的，但油市则一直表现低迷。

三、选择恰当的词语，完成下面的句子。（注意与加点词语的搭配）

迎合	款式	走热	产品线	目标市场	多元化
覆盖	杀入	红海	平民化	新兴	兴起

1. 如今，除了由男性主导的传统礼品鲜花市场之外，还________了由女性主导的日常鲜花市场，这是一块新的“蛋糕”。
2. 这家证券公司在北京、上海、深圳等主要地区设立了16家分公司，基本形成了________全国的业务网络。
3. 今年的楼市有一个特点，90～140平方米的房源逐渐________。
4. 不少星级酒店推出的年夜饭价格非常________，受到市民青睐。
5. 一款全新的果汁产品以年轻化的形象迅速________果饮市场。
6. 为了________中国游客的支付习惯和需求，又一家国外银行宣布与微信支付平台合作。
7. 这家企业对消费市场的变化很敏感，善于寻找并满足那些________的需求。
8. 奔驰扩展了在中国市场的________，公司希望借由更多新车型的引入，在各个细分市场上表现得更好。
9. 经过几十年的发展，家电市场已经接近饱和，成为一片________。
10. 新加坡网络电视已把重心转向美国市场，以华裔社区作为其主要的________。
11. 本文希望通过对比市场上的三大主流________，为大家选购空调提供一些参考。
12. 此次书展的主办方对记者表示，由于读者们接受知识的程度、阅读能力以及兴趣点都各不相同，现在的阅读需求逐渐________。

四、用指定的词语描述图片或图表。

1. 迎合

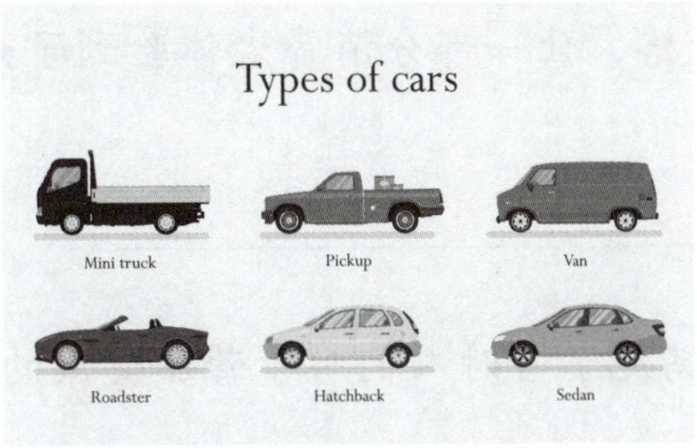

2. 覆盖

3. 产品线、款式

D公司　车型总览（2013年）

卡车	轿车
3款型号	4款型号

D公司　车型总览（2023年）

卡车	轿车	SUV	跑车
3款型号	4款型号	2款型号	2款型号

4. 红海、杀入、走热

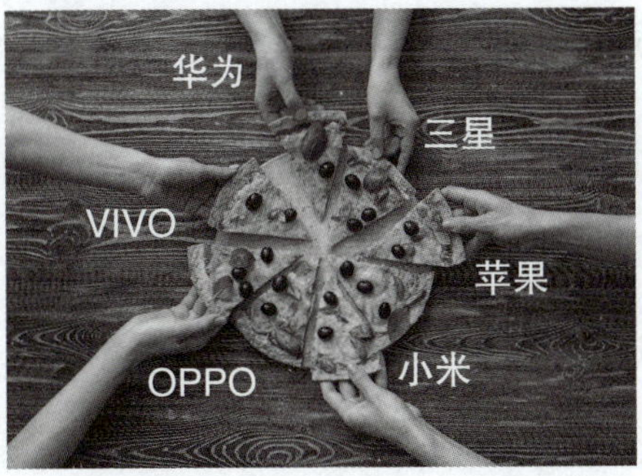

五、找出下列句子的主干。

1. 消费者的需求千差万别，使SUV汽车市场向着多元化、再细分的方向发展。

主干：________________________________

2. 主流 SUV 款式凭借技术和价格覆盖了绝大部分消费者的需求。

主干：____

3. 豪华品牌入门级 SUV 通过平民化的价格，让一部分消费者体验到了豪华品牌的优越品质。

主干：____

4. 这种从产品广度进行的市场细分充分满足了当时人们对于营养健康的需求，使汇源成为当时的行业领军者。

主干：____

5. 随着统一、可口可乐、百事可乐、娃哈哈等企业纷纷杀入，果汁饮料市场变成一片红海。

主干：____

6. 当客户的需求逐渐多元化和复杂化，特别是情感因素对购买越来越有影响力的时候，竞争已经由产品的广度覆盖向需求的深度细分发展了。

主干：____

六、将下面的句子改写为口语体。（加点的部分必须替换为口语词语）

1. SUV 汽车市场向着多元化、再细分的方向发展，以差异化的产品迎合消费需求。

____

2. 虽然上市不足两年，但已经有多款产品进入 SUV 市场销量的前 20 名。

____

3. 竞争已经由产品的广度覆盖向需求的深度细分发展了。

____

七、根据课文回答下面的问题。

1. 住宿业市场可以从什么角度进行细分？有哪些细分市场？请用图表表示。

____

____

2. SUV 汽车市场可以从什么角度进行细分？有哪些细分市场？请用图表表示。

____

____

3. 果汁饮料市场可以从哪些角度进行细分？

____

____

4. 汇源、统一和可口可乐如何细分果汁饮料市场？为什么三家企业细分出的果汁饮料市场不一样？

____

____

八、读后分析。

阅读课文，研究文中的表达方式，回答下面的问题。

1. 住宿业市场出现了什么新现象？作者是如何说明这个现象的？

____

____

2. 最近几年 SUV 汽车市场出现了什么新现象？作者是如何说明这个现象的？

____

____

3. 果汁饮料市场发生了什么变化？其中，企业和消费者各有什么变化？

____

____

4 能力训练

语言能力 简要介绍商业现象

经济 / 商业现象就是经济和商业领域的事物发生的变化及趋势。关注和研究这些现象，有助于理解、运用经济规律以及发现商业机会。

商务人士必须具有描述、分析这些现象的能力。描述商业现象，就是说明经济事物的产生、消失或变化，比如：通货膨胀、全球化、同质化、马太效应等。说明现象的常用句式是：

主语	谓语
……事物	变得……/ 变成…… 出现 / 消失
（在）……地区 / 行业 / 市场	存在 / 出现……的现象 兴起……事物

比如：

（1）住宿业的细分市场出现了相互融合、相互转化的现象。

（2）最近几年，SUV 汽车市场还兴起了一个细分市场——小型 SUV 车市。

（3）随着统一、可口可乐、百事可乐、娃哈哈等企业纷纷杀入，果汁饮料市场变成一片红海。

如果加上具体的例子、数据，更有助于别人理解这一现象。比如：

（4）住宿业的细分市场出现了互相融合、转化的现象。比如说，有些度假村增加了会议方面的功能，有些社会旅馆更新改造变成了酒店。
用两个例子（度假村 + 会议功能，社会旅馆→酒店）说明“融合、转化”的现象。

（5）最近几年还兴起了一个细分市场——小型 SUV 车市。虽然上市不足两年，但已经有多款产品进入 SUV 市场销量的前 20 名。
用数据“前 20 名”说明“小型 SUV 车市新兴”的现象。

练习

一、根据句子 A ～ J 的内容，分别将其归入下面三个类别中。

A. 苹果公司推出了以“温情”为主题的系列广告。

B. SUV 汽车市场向着多元化、细分化的方向发展。

C. 在碳酸饮料流行的 20 世纪 90 年代初期，汇源集团专注于各种果汁饮料市场的开发。

D. 中国版广告的主角是家庭责任互补的传统形象。

E. 有多款小型 SUV 产品进入 SUV 市场销量的前 20 名。

F. 在大量增发货币之后，1720 年法国出现了通货膨胀。

G. 特步首创偶像艺人代言体育用品的方式。

H. 1720 年，英国的南海公司和其他类似股份公司的股价离奇涨跌。

I. 淘宝商城宣布全面开放 B2C 平台。

J. 截至今年 8 月，该商业项目已实现约 1000 万的净利润。

商业事物　　商业行为　　商业现象

二、阅读短文，完成练习。

荷兰的国花是郁金香。但其实在 17 世纪初，荷兰的郁金香还非常稀少，即使花钱也买不到。供不应求导致郁金香价格昂贵，也为种植者带来了巨大的利润。于是人们开始争相种植郁金香。到 1630 年，荷兰几乎每个城镇都有郁金香的种植者。

到了 1633 年，郁金香供应不足的问题解决了，市场上的郁金香品种也越来越繁多。稳步上升的市场又吸引了更多人加入。由于买卖的人多，那些受欢迎的品种价格就不断上涨，甚至一周之内就可以翻倍。所以大部分人选择用低买高卖的方式赚取差价。最疯狂的时候是这样的：你在城市东边买的，到城市西边卖掉就赚钱了。尤其在1635年，有一批花商倒卖郁金香获得高额利润之后，人们更是坐不住了，无业游民、投机者都加入了郁金香的投资，他们相信这是个只赢不输的赌局。

随后郁金香的贸易出现了本质的变化。人们不满足于买卖实际的郁金香，取而代之的是一张卡片，上面写着被卖的郁金香的情况，只是这棵郁金香还没成熟，还在土里埋着，要等到第二年才能交付。交易的时候先交10%的定金，然后签下合同，剩下的钱等郁金香成熟的时候再补齐。交易从实际的郁金香变成了郁金香的所有权。1636年12月到1637年1月，人们的狂热达到了顶峰。一棵未成熟的郁金香一天之内可以倒手10次，原本20荷兰盾的便宜货在1个月内就涨到1200荷兰盾。新的交易方式简化了入市条件，却也加重了交易风险。但面对日益上涨的行情，没有人考虑这一问题。

1. 文章谈论的是什么市场？

2. 这个市场出现了什么现象？（用说明现象的常用句式回答）

3. 作者是如何说明这个现象的？

4. 根据文章，完成“市场变化过程”图。

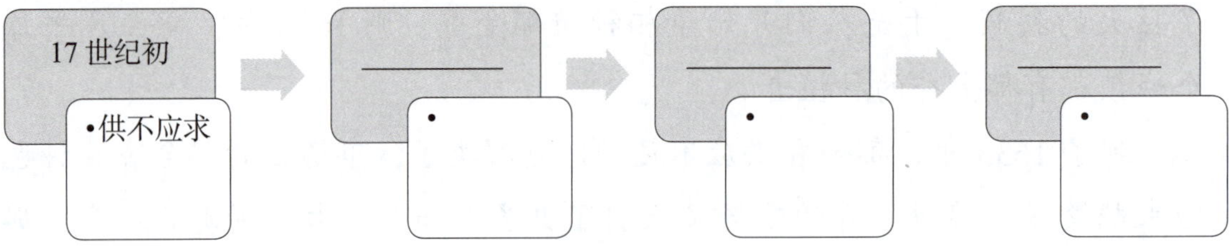

情景任务　筛选、介绍反映某一经济现象的案例

角色： 你是一家电视台经济频道的记者。

情景： 为了拍一个关于全球商业史的纪录片，你跟同事分别研究了各行业的细分市场，准备通过讨论，选出一个商业现象案例作为纪录片的内容之一。

要求：

1. 选择一个市场，从某个角度对其进行细分，以其中一个细分市场作为研究对象。

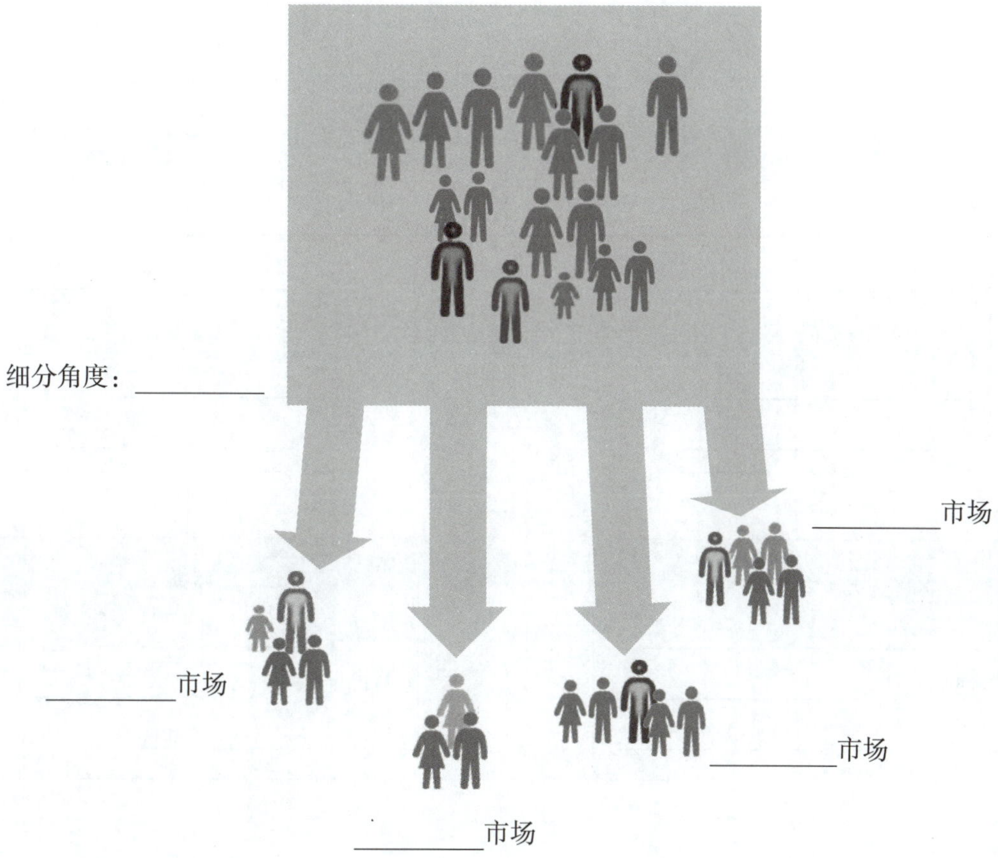

2. 查找关于这个市场的资料和数据，了解其中某类商品流行、变化或消亡的现象。
3. 写 300 ～ 400 字的发言稿，描述这个现象。
4. 在组内发言，并记录其他同学的发言要点。
5. 小组讨论选出一个现象作为纪录片的内容之一。

第 6 课　红海与蓝海

1 热　身

听力理解

听短文，完成图表。6-1

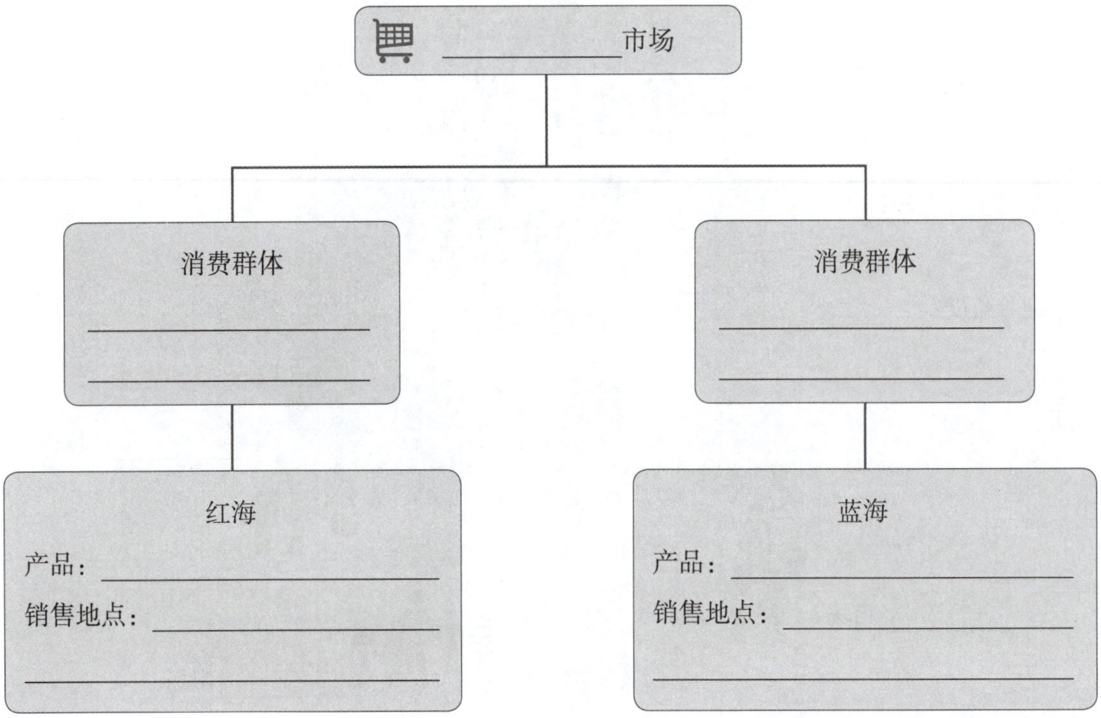

2 课 文

小型 SUV 市场：蓝海变红海 6-2

近期小型 SUV 的发展态势引起了市场的高度关注。据统计，从 1 月份至今，全国共有 12 款全新小型 SUV 集中上市。雪佛兰、东风标致、广汽本田、北京现代等合资品牌的车型都取得了良好的销售业绩，不但大幅挤压了自主品牌的空间，也加大了整个小型 SUV 市场的生存压力。

从销售数据不难发现 SUV 尤其是小型 SUV 的热销现象。今年销量同比增长最高的车型当属 SUV。其中，小型 SUV 的增速更为突出。根据中国汽车工业协会的统计数据，前 10 个月小型 SUV 累计销量达 317.92 万辆，同比增长 33.3%，占乘用车市场份额的 21.5%。

较快的增长速度带来了商机，但也使小型 SUV 这个细分市场的竞争日趋激烈。这主要表现在两方面。

一方面，各个厂家加大了在该细分市场的产品投放。几乎所有的合资品牌都已投放或者计划投放小型 SUV，已经投放的厂商还有计划继续投放新的产品。自主品牌在该细分市场也表现得相当活跃，比如哈弗、江淮、奇瑞、金杯等与合资品牌展开正面竞争，还有的自主品牌正在酝酿更新的产品。

另一方面，厂家纷纷采取压低价格的策略提升销量。近期北京现代、上汽通用、雪佛兰的热销车型都纷纷打响了价格战。北京现代 ix25 优惠 2 万元左右，别克昂科拉最高优惠 1.6 万元，雪佛兰优惠 1 万元，广汽本田缤智的部分车型甚至一上市即给出最高 2 万元的优惠。

如同其他车型细分市场一样，竞争者发现小型 SUV 这片蓝海的广阔空间之后，纷纷加入以谋求更多利润。当众多竞争者纷纷杀入这个市场，蓝海开始慢慢变成红海。

更为值得注意的是，小型 SUV 产品同质化的趋势愈发严重。厂家应该在多元化上多下功夫，如果不能坚守底线而大打价格战，采用不合理的定价和降价策略，那么最终将是损失大于收益。

（改写自《蓝海变红海：小型 SUV 竞争空间趋紧》，欧多瑞汽车情报，2014.12.12）

词语表

6-3

1. 款　kuǎn　量　款式的种类。
   该公司将于后年推出首款电动车型。
2. 合资品牌　hézī pǐnpái　双方或几方共同投资打造的品牌。
   目前合资品牌的产品在小型 SUV 市场上占据着主导地位。
3. 业绩　yèjì　名　（企业经营或个人工作的）成就。
   据公司财报，我们公司今年盈利能力维持稳定，销售业绩稳步增长。
4. 热销　rèxiāo　动　（商品）受欢迎而销售得快。
   虽然价格比普通蔬菜高 50%～60%，市场上的有机蔬菜仍然热销。
5. 销量　xiāoliàng　名　销售数量。
   沃尔沃汽车 4 月全球零售销量同比增长 12.2%。
6. 累计　lěijì　动　在一段时间或一个范围内的数字加起来计算。
   现代汽车集团在 54 年间汽车累计销量超过 1 亿辆。
7. 商机　shāngjī　名　商业机会。
   中国体育产业的发展给市场带来了巨大的商机。
8. 投放　tóufàng　动　企业向市场供应商品。
   新款产品明年有望投放市场。
9. 酝酿　yùnniàng　动　造酒的发酵过程，比喻做准备工作。
   CEO 在接受采访时表示，公司正在酝酿新产品，但具体信息目前还不方便透露。
10. 价格战　jiàgézhàn　企业之间通过降价展开竞争的商业行为。
    为了抢占市场，他们和竞争对手打起了价格战，以每个顾客补贴 100 元的代价，迅速占有 30% 左右的市场份额。

11. 上市	shàngshì	动	（商品、货物）开始在市场上出售。 科技含量高的产品刚上市时价格比较高，随后价格就会逐步降下来。
12. 同质化	tóngzhìhuà		不同品牌的同一类商品（因相互模仿）越来越相同。 产品同质化是困扰旅游行业多年的难题。
13. 底线	dǐxiàn	名	最低的条件，最低的限度。 金融企业必须在坚守风险底线的基础上进行创新。
14. 定价	dìngjià	名 / 动	规定的价格。/ 规定价格。 业界普遍预测这款手机将定价 699 元。

专有名词

1. 雪佛兰	Xuěfólán	（Chevrolet）美国通用汽车公司（GM）旗下的一个汽车品牌。
2. 东风标致	Dōngfēng Biāozhì	神龙汽车有限公司旗下的合资品牌。
3. 广汽本田	Guǎngqì Běntián	广汽本田汽车有限公司，由广州汽车集团公司与日本本田技研工业株式会社共同出资组建的合资公司。
4. 北京现代	Běijīng Xiàndài	北京现代汽车有限公司，由北京汽车投资有限公司和韩国现代自动车株式会社共同出资设立。
5. 中国汽车工业协会	Zhōngguó Qìchē Gōngyè Xiéhuì	（CAAM）在中国境内从事汽车及相关行业的单位和团体组成的非营利性的全国性工业行业协会。
6. 哈弗	Hāfú	（HAVAL）长城汽车股份有限公司旗下的 SUV 车型的品牌。
7. 江淮	Jiānghuái	安徽江淮汽车集团股份有限公司，中国的一家综合型汽车厂商。
8. 奇瑞	Qíruì	奇瑞汽车股份有限公司，中国的一家从事汽车生产的国有控股企业。

9. 金杯	Jīnbēi	沈阳华晨汽车集团控股有限公司旗下的商用车品牌。
10. 上汽通用	Shàngqì Tōngyòng	上汽通用汽车有限公司，中国汽车工业的领军企业之一。拥有别克、雪佛兰、凯迪拉克三大品牌。
11. 别克	Biékè	上汽通用旗下的三大品牌之一。
12. 昂科拉	Ángkēlā	（Encore）别克品牌旗下的 SUV 车型的名称。
13. 缤智	Bīnzhì	（VEZEL）广汽本田旗下的 SUV 车型名称。

3 练　习

一、根据词语和拼音，选择正确的汉字填空。

lěi
（　　）计
累　系

tóu
（　　）放
投　没

dǐ
（　　）线
低　底

jì
业（　　）
债　绩

二、分析下列企业或产品的名称结构。

1. 企业名称

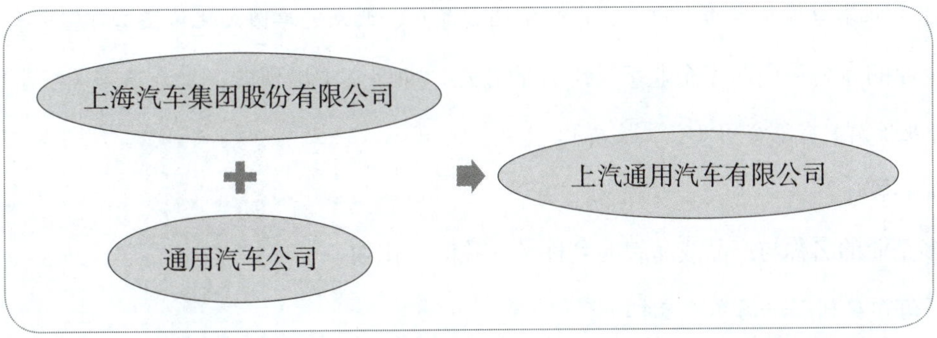

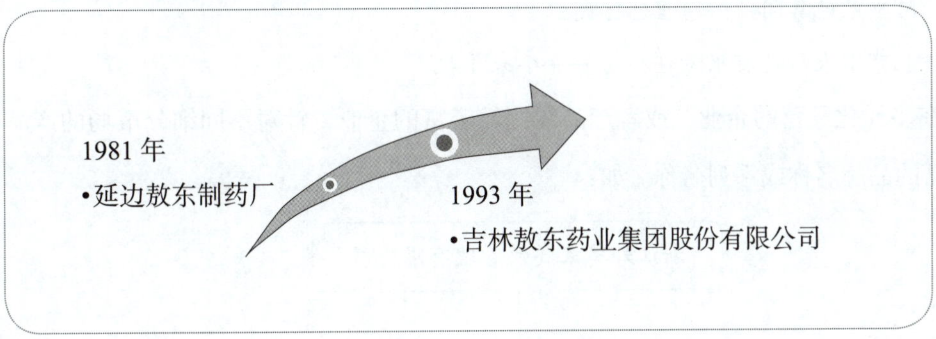

2. 产品名称

A. 北京现代 ix25　　B. 别克昂科拉　　C. 广汽本田缤智

语言知识

企业名称与产品名称

企业名称

根据《中华人民共和国公司法》，正式、完整的企业名称由四个部分构成：

地域名	字号	行业性质	企业性质
	上汽通用	汽车	有限公司
中国	民生	银行	股份有限公司
沈阳	华晨	汽车	集团控股有限公司
上海	冠生园	食品	有限公司

非公司制的企业可以用“厂”“店”“中心”“工作室”等作为企业名称的组织形式，如：正泰电器技术研发中心、广州翠园食品厂、北京艺卓圆文化传播工作室。有些合资企业的命名采用两家企业字号组合的方式，如课文中出现的：上汽通用（字号）汽车（行业性质）有限公司（企业性质）。

产品名称

很多企业的名称与产品或品牌的名称是一致的。比如：

海尔集团——海尔洗衣机

阿里巴巴集团——阿里巴巴网

北京小米科技有限责任公司——小米手机

但在多元化经营的企业，或者产品线比较丰富的企业，针对不同细分市场的产品会有自己的品牌名称或系列名称。如：

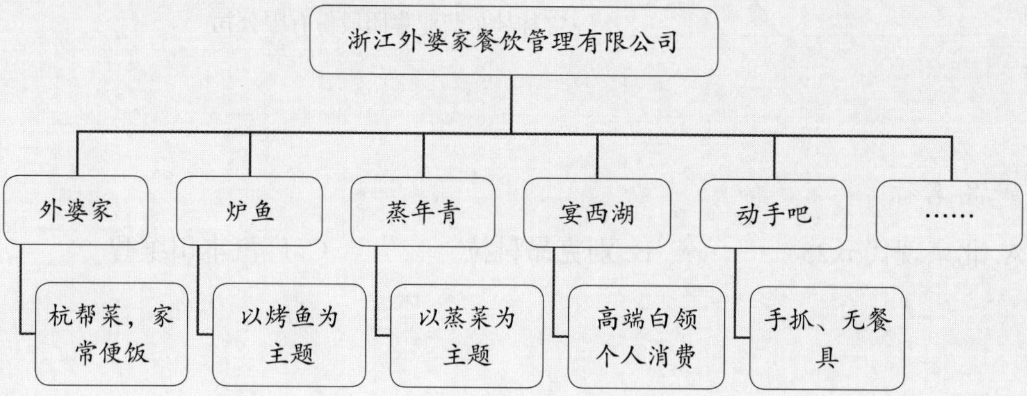

还有很多产品的命名是用品牌与字母、数字或其他文字组合的方式，以区别不同的产品型号和系列。如：

海尔紫精灵迷你洗衣机（品牌 + 文字 + 产品种类）

小米路由器 2（品牌 + 产品种类 + 数字）

北京现代 ix25（品牌 + 字母、数字）

别克昂克拉（品牌 + 文字）

另外，产品的名称和型号要符合国家和行业的相关标准，也要符合企业自己制定的标准和命名传统。比如，比亚迪汽车就以中国历史上的朝代“秦、唐、宋、元”来命名旗下的不同车型。

三、选择恰当的词语，完成下面的句子。（注意与加点词语的搭配）

款	热销	商机	定价	业绩	销量
底线	累计	投放	价格战	同质化	上市

1. 车市进入淡季，经销商已开始降价促销，逐渐打响________。
2. 巴西汽车制造商协会公布的数据显示，4 月汽车________环比增长 4.8%。
3. 大量新生儿给母婴市场带来了巨大的________。
4. 高温天气让不少市民难耐酷暑，带动空调、冷饮等产品________。
5. 据悉，这一________车型将会在下周开幕的北京车展上正式发布。
6. 木兰集团宣布旗下的红木系列家具产品将于 8 日正式________，预售价区间为 15 ～ 20 万元。
7. 虽然小家电市场的产品种类很多，但其实________也很严重。
8. 企业应坚守道德________，有些钱绝不能赚，有些竞争手段绝对不能使用。
9. 公司计划到 2025 年实现电动汽车________销量 100 万辆的目标。
10. 小米路由器 8TB 版________3699 元，是当时最贵的小米路由器。
11. 目前，这款纯电动汽车已________市场。
12. 今年华润集团实现利润总额 483 亿元，同比增长 9.9%，经营________良好。

四、用指定的词语描述图片或图表。

1. 款、热销

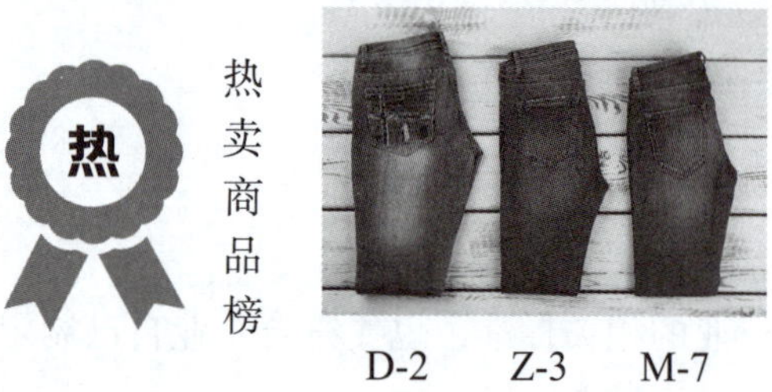

2. 定价

3. 业绩、累计

H公司盈利情况

（单位：万元）

	第一年	第二年	第三年	共计
销售收入	230	280	390	900
净利润	21	27	36	84

4. 价格战、上市

5. 同质化、商机

A 品牌产品

B 品牌产品

C 品牌产品

我该怎么办？

D 品牌

五、找出下列句子的主干。

1. 雪佛兰、东风标致、广汽本田、北京现代等合资品牌不但大幅挤压了自主品牌的空间，也加大了整个小型SUV市场的生存压力。

   主干：________________________________

2. 从销售数据不难发现SUV尤其是小型SUV的热销现象。

   主干：________________________________

3. 较快的增长速度带来了商机，但也使小型 SUV 这个细分市场的竞争日趋激烈。

主干：______________________________

4. 近期北京现代、上汽通用、雪佛兰的热销车型都纷纷打响了价格战。

主干：______________________________

5. 如同其他车型细分市场一样，竞争者发现小型 SUV 这片蓝海的广阔空间之后，纷纷加入以谋求更多利润。

主干：______________________________

六、将下面的句子改写为口语体。（加点的部分必须替换为口语词语）

1. 今年销量同比增长最高的车型当属 SUV。

____

2. 较快的增长速度使小型 SUV 这个细分市场的竞争日趋激烈。

____

3. 广汽本田缤智的部分车型甚至一上市即给出最高 2 万元的优惠。

____

4. 如同其他车型细分市场一样，竞争者发现小型 SUV 这片蓝海的广阔空间之后，纷纷加入以谋求更多利润。

____

5. 更为值得注意的是，小型 SUV 产品同质化的趋势愈发严重。

____

七、根据课文选择正确答案。（可多选）

1. 近期小型 SUV 市场情况如何？（　　）

A. 市场空间被自主品牌挤压　　B. 市场生存压力大

C. 品牌业绩都不错　　D. 有新品集中上市

2. 小型 SUV 市场的销售情况如何？（　　）
   A. 销售火爆　B. 销量最大　C. 销量增速较快　D. 价格加速上涨

3. 小型 SUV 销量的增长速度对市场意味着什么？（　　）
   A. 有赚钱的机会　B. 市场细分化　C. 促进产品更新　D. 竞争更加激烈

4. 车企之间激烈的竞争有哪些具体表现？（　　）
   A. 采用同质化策略　B. 推出更多产品　C. 采用低价策略　D. 大打价格战

5. 作者认为小型 SUV 市场发生了怎样的变化？（　　）
   A. 出现广阔的蓝海　B. 出现很多竞争者
   C. 蓝海变成红海　D. 红海逐渐消失

6. 作者认为企业应如何应对市场的这一变化？（　　）
   A. 顺应同质化的趋势　B. 采用产品多元化策略
   C. 坚守价格底线　D. 不用降价策略

八、读后分析。

1. 课文分析了什么市场？

____

____

2. 这个市场出现了什么现象？

____

____

3. 为什么会出现这一现象？

____

____

4. 这一现象的表现是什么？

____

____

4 能力训练

语言能力 具体描述商业现象

“商业现象”就是在商业世界里，某一类甚至所有事物普遍表现出的情况。我们可以看到、听到、感受到、分析出这些情况，并用语言表达出来。

当我们提到某个商业现象时，往往需要进一步展开，描述一些能看到、听到、感受到的实际情况和具体例子。这样才能增强说服力，让人们相信这个现象真的存在。

商业现象的具体描述有两种常用的方法。

1. 描述“面”上的具体表现

商业现象具有一定的普遍性。因此，可以从整体出发，说说商业事物都有哪些共同的特点或行为。比如：

（1）较快的增长速度带来了商机，但也使小型SUV这个细分市场的竞争日趋激烈。这主要表现在两方面。一方面，各个厂家加大了在该细分市场的产品投放。……另一方面，厂家纷纷采取压低价格的策略提升销量。

红海的特征是“竞争激烈”。通过产品、价格两个方面普遍存在的商业行为（加大投放、压低价格）来描述竞争的激烈程度。

2. 描述“点”上的具体例子

在出现某一现象的事物群体中，总有一个或几个是特别典型的、有代表性的。所以，也可以从个体出发，用几个具有典型性、代表性的例子来具体描述现象。如：

（2）厂家纷纷采取压低价格的策略提升销量。近期北京现代、上汽通用、雪佛兰的热销车型都纷纷打响了价格战。北京现代ix25优惠2万元左右，别克昂科拉最高优惠1.6万元，雪佛兰优惠1万元，广汽本田缤智的部分车型甚至一上市即给出最高2万元的优惠。

用一些“热销”品牌的优惠幅度作为代表性案例，说明“各厂家采取压低价格的策略”，体现出“红海”的特征。

练习

一、根据描述商业现象的方法，按照下面的标准对下列句子进行分类。

A. 当时，汽车市场出现了压价竞争的现象，主要厂家的热销车型都加入了价格战。

B.“中国产品”向“中国品牌”转变的过程中，“国潮”成为市场的一个新热点。最近几年爱买中国商品的外国年轻人增长了63.7%。“国潮”正在全球悄然兴起。

C. 你们有没有注意到一个有趣的现象？经济不景气时，各种消费品的销售额都有所下降，人们的收入减少，因此也减少了车子、房子、出国旅游等大宗消费。

D. 20世纪曾经出现过“口红效应”现象。1990年至2001年美国经济衰退时，化妆品行业的工人却在增加，口红销量翻倍。20世纪90年代中期，日本经济衰退，一款由男明星代言的口红却卖到脱销。

E. 在当地的一些行业中，员工“老龄化”现象十分突出。从政府相关部门公布的数字来看，当地35岁以上的职工人数接近40%，比前一年增加了6.5个百分点。

描述“面”上的具体表现　　　　描述“点”上的具体例子

二、阅读短文，回答问题。

近期，无论是线上的旅游网站，还是线下的房企，在旅游地产方面动作频频。中国的自助游产品预订及资讯服务平台“驴妈妈”旅游网6月2日对外宣布，已获锦江国际集团5亿元战略投资，将借此次资本输入大举挖掘线下资源。云南城投集团日前对外宣布，今年将投资旅游地产和城市综合体。珠海控股投资集团也表示，母公司珠海九洲控股旗下丰富的旅游及地产项目可随时转入珠海控股。

除了上述点上的热闹，面上的数据也很可观。克而瑞信息集团刚发布的《中国旅游地产发展报告》显示，截至去年底，全国旅游地产项目已多达7965个，同比新增2666个。首都经济贸易大学工商管理学院旅游管理系主任、北京旅游学会副秘书长蔡红在接受记者采访时表示，当前中国的旅游地产已由少数先行者发现的“蓝海”，步入了群雄逐鹿的“红海”时代。

1. 文章讨论了哪个市场？

____

____

2. 这个市场出现了什么新现象？

____

____

3. 作者是从哪些角度描述这个现象的？

____

____

情景任务 研究案例

角色：你是某中文商业杂志的评论员。

情景：该杂志请你写一篇短文，谈谈在你们国家“蓝海市场变红”的现象。

要求：

1. 细分你们国家某类商品的市场，研究其中某个细分市场“蓝海变红海”的现象。

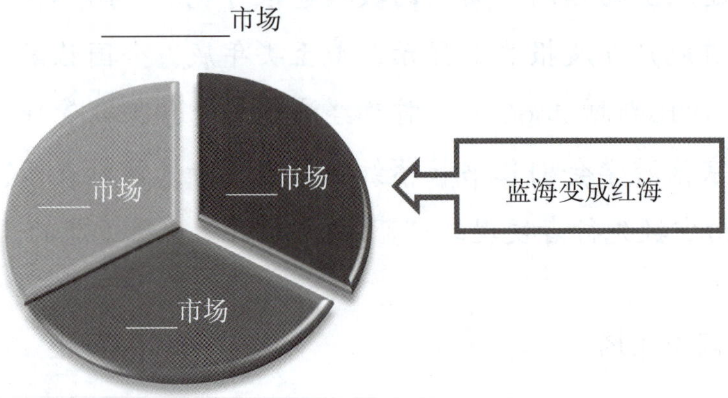

2. 查阅资料，找到与这个现象相关的例子和数据。

点	面
• 例子	• 数据

3. 写一篇 400 字左右的文章，介绍市场细分情况，用例子和数据证明细分市场“蓝海变红海”现象的存在。

5 扩展阅读

问题

1. 文章的标题“一个国家，多个市场”是什么意思？
2. 在城市群形成的过程中出现了什么现象？
3. 随着城市群的发展，消费者的行为、对产品的偏好、对媒体的偏好出现了哪些普遍特征？请用图表归纳出来。

一个国家，多个市场

很少有跨国公司会在法国和德国市场的不同区域运用同样的策略，但似乎很多公司在中国却是这么做的。它们专注于开发最大的市场（北京、上海等一线城市，以及类似南京那样的较大的二线城市），而忽略了中国数以百计的城市之间的差别。

我们发现了一种更有效且更经济的管理方法，即麦肯锡（McKinsey & Company）城市群（ClusterMap）方法。它将800多个中国城市划分为若干个城市群，关注它们在收入水平、地理位置、城市间的经济联系和贸易往来等诸多方面的区别和差异，关注城市中消费者共同的消费态度和偏好等。用这种方法能更有效地区别对待中国的不同城市。

用这一方法研究中国市场时，我们发现，在城市群形成的过程中，各种因素之间互相影响，产生了一种良性循环：政府政策塑造产业结构，产业结构影响人口构成，人口构成又反映在消费行为中。时间一长，这些因素增强了城市间的联系，并促使特定城市群内的消费者行为逐渐趋同，进一步凸显城市群的特征。

随着城市群的发展，城市群与消费行为之间逐渐形成很强的相关性。根据我们第一次的调查，在14个最大的消费者特征差异中，只有3个行为特征与该城市所在的城市群有关。然而，我们的第五次调查显示，在这14个特征差异中，有11个特征可以用城市群来解释。

我们还注意到，中国各城市群消费者的行为存在很大差异。例如，52%的上海城市群消费者青睐名牌产品，而这一比例在“厦门—福州”城市群（包括潮州、汕头、石狮等城市）中只有36%。

消费者对产品特性的偏好也很不一样。例如，深圳城市群的消费者青睐轻、薄的手机，而广州城市群的消费者偏爱有大显示屏的机型。

不同城市群中的消费者对媒体的偏好也很不一样。例如，“中原城市群”（包括郑州、洛阳、开封等城市）中95%的消费者喜欢看中央台，而62%的上海城市群消费者喜欢看本地的电视节目。对各地消费者看电视习惯的深入了解，有助于企业更有效地分配他们在不同城市群的电视广告支出。

（改写自《一个国家 多个市场》，安宏宇、狄维瑞、马思默，《中国新时代》，2010年第4期）

团队任务

任务说明

细分市场，发现商机。

任务要求

（1）城市：以你们现在所在的城市为考察范围，选择一个市场作为考察对象。

（2）市场：可选择牙膏市场、牙刷市场、洗衣粉市场、香皂市场、护肤品市场、毛巾市场、牛奶市场、饮用水市场、大米市场……

（3）细分：通过实地调查，对该市场进行细分（细分的角度，细分后的市场结构、代表产品和品牌）。

（4）商机：通过数据分析，或与你们国家的同类市场进行对比，找到蓝海。

（5）报告：介绍市场细分情况，描述蓝海现象。

任务步骤

分组	组成小组，确定组长、时间安排及分工等内容
实地调查	选择某个市场作为调查对象 在本地超市、卖场、商场等实体店对该市场进行调查 了解并统计产品的数量、种类、定位、品牌
细分市场	选择一个角度，对市场进行细分 分别统计各细分市场的产品和品牌数量
寻找商机	根据产品、品牌的数量，找出红海 寻找商机，发现蓝海
口头 / 书面报告	调查情况（时间、地点、组员……） 市场细分 蓝海与商机（市场规模小，但潜力大）

第四单元　电子商务

下图表现的是什么市场？这个市场有什么特点？

电子商务是以电子交易方式进行商业贸易和相关服务的商务活动，是传统产业的电子化、网络化和信息化。

电子商务的发展创造了新的商业时代，新的商机带来无数的商业计划和商业项目。简要介绍商业计划并引起他人的兴趣，是商务人士应该具备的重要能力。在本单元，我们将围绕这一能力展开学习与训练。

能力项目	简述某个商业项目或商业计划
商务词语	掌握常见的商务词语结构：～价
	辨析近义词：资金—资产—资本
专业知识	了解 C2M 和股权融资的含义
背景知识	了解中国电子商务市场的商业项目

第 7 课　网络时代的商业模式

1 热　身

双人活动

1. 下图的几种商业模式有什么不同？

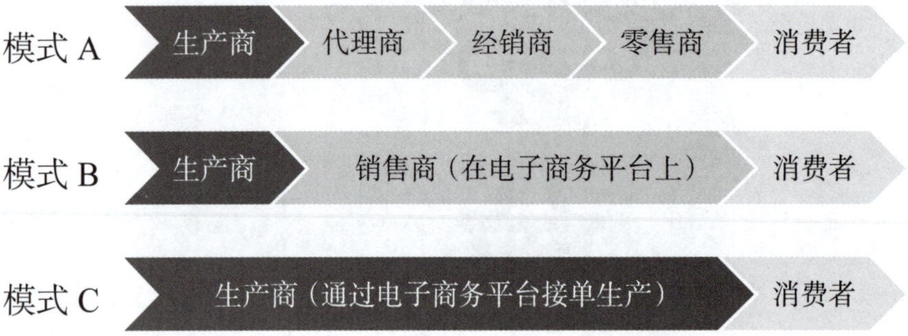

2. 下面的三种产品适合采用以上哪种模式？讨论确定并说明理由。

眼镜

衬衫

汽车

3. 请再列出一种产品，让其他同学说说它适合采用哪种模式，并说明理由。

2 课 文

制造商的模式转型 7-1

中国制造业的一些企业发现，在“互联网+”的潮流中，利用电子商务平台仅仅进行销售和宣传，并不能完全解决传统商业模式的痛点。那么怎样才能真正实现转型升级呢？我的一个朋友开发了一个叫“必要”的手机APP，尝试帮助企业建立起直达顾客的新型商业模式。

比如，眼镜这类产品个性化特征极其明显，据说制造眼镜所需的数据有27万种可能的组合。在传统的从制造商到销售商的商业模式下，考虑到服务、渠道、库存方面的成本，实体店眼镜的售价远远超过出厂价。而现在必要和知名眼镜制造商依视路集团合作打造了一条柔性的生产线。在必要买眼镜，挑选的时候你就可以看到3D技术呈现的实际效果。当你确定款式并付款后，所有的数据就会传输到眼镜公司的生产线上，他们会为你一个人定制出这副眼镜。这是一种新的模式，不再有渠道成本，也不需要仓储。

这个平台也卖过一款衬衫，是由一个国际名牌的代工企业所生产的。售价不到品牌衬衫的五分之一。厂家怎么还能够赚到钱呢？因为有定制化服务。比如，在袖子上绣个名字，成本不超过一块钱，但是顾客愿意为此多付二十块钱。我认为，未来的制造业一定是通过这种增值服务、定制化服务来获得利润的。

上个月我这位朋友兴奋地打来电话：“我们要和吉利合作了，马上要推一款非常有爆炸力的汽车产品。”我说：“什么？在手机APP上卖汽车？”原来吉利投了几个亿，把以前批量制造产品的刚性生产线变成了可以定制产品的柔性生产线。这次推出的是一款原价五万块的低价位汽车，必要只卖三万六千块。不但价格便宜，顾客还可以选择汽车靠垫的颜色、操控盘的大小、音响的配置。产品在必要上线三天就预订出了1万多辆，这在传统的大规模生产模式下是完全难以想象的事情。

制造业要改变的是陈旧的商业模式，通过打造柔性的生产线升级为新型制造商。衬衫是特别传统的行业，而汽车生产是制造业的一颗明珠，当这两个行业都能被互联网改变的时候，还有哪个行业不能转型呢？

（据爱奇艺网站视频《吴晓波频道：私人定制将是消费主流》改写）

词语表

7-2

1. 模式 móshì 名 某种事物的标准形式，人们可以照着做的标准样式。

   物流业需要转变商业模式，用以用户为中心的商业模式替代传统的以企业为中心的商业模式。

2. 转型 zhuǎnxíng 动 社会经济结构、文化形态、价值观念等发生根本性变化。

   我市实施农业品牌战略，加快实现传统农业向现代农业的转型。

3. 制造业 zhìzàoyè 通过制造过程将资源转化为工具、工业品与生活消费产品的行业，也叫制造工业。

   在科技创新的影响下，全球的制造业都在升级，呈现出了新的发展态势。

4. 痛点 tòngdiǎn 名 让人痛苦的问题。

   制造商应该如何解决库存压力大的痛点？

5. 升级 shēngjí 动 从较低的等级升到较高的等级。

   不少百货商店与互联网企业合作，从数字化到智能化，充分应用技术手段实现零售业的转型升级。

6. 渠道 qúdào 名 （商品销售和流通的）路线。

   借助经销商的力量来拓展市场，不仅能减少渠道方面的成本，也能降低相关风险。

7. 实体店 shítǐdiàn 现实中的商店，与“网络商店”相对。

   小米公司在中国拥有很多家实体店。

8. 售价 shòujià 名 商品的销售价格。

   这款衬衫做工精美，不过售价有点高。

9. 出厂价	chūchǎngjià		只包含产品生产成本和工厂合理利润的价格。
	一般来说，出厂价比市场售价要低。		
10. 定制	dìngzhì	动	专门为某人或某事制作（产品）。
	学校为今年的毕业生们定制了一款纪念版校服。		
11. 渠道成本	qúdào chéngběn		企业为渠道建设、维护、管理等所付出的费用和代价。
	很多商家直接在网上开店，省去了中间环节，没有渠道成本，价格自然也就低了。		
12. 增值	zēngzhí	动	资产或商品的价值增加。
	除常规送货服务外，本快递公司还提供更换纸箱、加固包裹等增值服务。		
13. 批量	pīliàng	副	成批地。
	数百年前批量制造的货币如今已成为珍贵的收藏品。		
14. 原价	yuánjià	名	原来的价格，区别于“现价”。
	“原价 xx 元，现价 xx 元”，这是商家打折促销时最常用的语言。		
15. 价位	jiàwèi	名	某种商品的价格在市场行情中所处的位置。
	目前该店有大量的低价位二手车在售。		
16. 陈旧	chénjiù	形	旧的，过时的。
	由于运营模式陈旧，很多服饰企业的库存过高。		

专有名词

1. 必要	Bìyào	中国的一家采用 C2M（Customer-to-Manufacturer）模式的电子商务平台。
2. 依视路	Yīshìlù	法国的一家眼镜制造商。
3. 吉利	Jílì	中国的一家民营汽车企业。

3 练 习

一、根据词语和拼音，选择正确的汉字填空。

xíng	tòng	qú
转（　　）	（　　）点	（　　）道
型　形	疼　痛	渠　梁

zēng	shòu	chén
（　　）值	（　　）价	（　　）旧
僧　增	集　售	陈　阵

二、将下面的词语与对应的意思连起来。

股价	商店出售商品的价格
涨价	股票的价格
批发价	比一般的价格低
零售价	物品的价格上涨
廉价	厂家给商家的货物价格

语言知识

～价

“～价”可以用来表示对应于各种商业情况的价格。比如，根据商品的种类，常见的词语有：股价、地价、房价、电价、票价、身价、物价……

与商品交易的环节和方式有关的词语有：出厂价、售价、市场价、批发价、零售价、团购价、报价、估价……

与价格的变化及处理方式有关的词语有：原价、现价、全价、优惠价、折扣价、均价、半价、特价……；削价、降价、减价、涨价、提价……

涉及价位高低的词语有：低价、廉价、白菜价、跳楼价、高价……

三、选择恰当的词语，完成下面的句子。（注意与加点词语的搭配）

陈旧	痛点	售价	实体店	定制	价位
渠道	增值	原价	出厂价	模式	转型

1. 我公司提供办公室装修服务，可以为企业和个人的办公空间________家具。
2. 手机订餐软件解决了人们繁忙时间吃饭难的________。
3. 在“6·18”购物节中，________12.68 万元的广汽汽车，折扣价仅为 7.83 万元。
4. 在竞争激烈的智能手机市场，各品牌手机的差异已经十分有限，________服务可能会成为吸引客户的一个重要手段。
5. 虽然华为的这款手机________为 3788 元，价格较高，但销量依然很好。
6. 相比传统的销售渠道，在网络电商平台上销售的________成本较低。
7. 上海大剧院推出了低________公益票，受到了市民的欢迎。
8. 屈臣氏今年计划在全球新开 1400 家________，其中三分之一以上的店面将设在中国。
9. 随着互联网的发展，传统旅行社的市场份额不断下降，需要尽快实现________。
10. 这款节能灯的________仅十多块钱，零售价却达到上百元。
11. 小米公司以“硬件 + 新零售 + 互联网服务”为主要的商业________。
12. 有的媒体认为，“双十一”的营销模式看起来很美，其实已经________过时。

四、用指定的词语描述图片或图表。

1. 痛点

2. 定制、实体店

3. 原价、价位

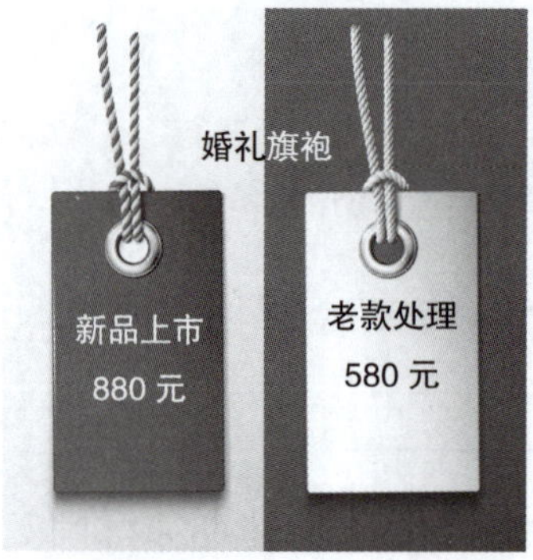

前年　　今年

五、找出下列句子的主干。

1. 考虑到服务、渠道、库存方面的成本，实体店眼镜的售价远远超过出厂价。

   主干：______________________________

2. 现在必要和知名眼镜制造商依视路集团合作打造了一条柔性的生产线。

   主干：______________________________

3. 吉利把以前批量制造产品的刚性生产线变成了可以定制产品的柔性生产线。

   主干：______________________________

4. 这在传统的大规模生产模式下是完全难以想象的事情。

   主干：______________________________

六、将下面的句子改写为口语体。（加点的部分必须替换为口语词语）

1. “必要”尝试帮助企业建立起直达顾客的新型商业模式。

   ____

2. 眼镜这类产品个性化特征极其明显。

   ____

3. 现在必要和知名眼镜制造商依视路集团合作打造了一条柔性的生产线。

   ____

4. 在袖子上绣个名字，成本不超过一块钱，但是顾客愿意为此多付二十块钱。

____

七、根据课文选择正确答案。

1. 文章中的“必要”是什么？(　　)

A. 电子商务平台　B. 眼镜制造商　C. 衬衫加工企业　D. 汽车制造企业

2. 实体店眼镜的售价远远超出出厂价的原因是什么？(　　)

A. 服务成本高　B. 渠道成本高　C. 库存成本高　D. 以上都是

3. 依视路在必要上销售眼镜有什么好处？(　　)

A. 没有生产成本　B. 不需要仓储　C. 数据更精确　D. 有 3D 效果

4. 柔性生产线是什么？(　　)

A. 生产低价位的产品的生产线　B. 批量生产制造产品的生产线

C. 根据需求定制产品的生产线　D. 生产柔软性质产品的生产线

5. 在必要上购买吉利汽车有什么好处？(多选)(　　)

A. 价格便宜　B. 安全性高　C. 个性化选择　D. 交货时间短

八、读后分析。

1. 必要销售的眼镜是如何生产出来的？这个模式跟传统模式相比有何不同？

____

____

2. 必要卖的衬衫售价很低，厂家如何赚钱？

____

____

3. 必要推出了什么样的汽车产品？

____

____

4. 作者介绍必要带来的商业模式时，提到了哪些方面？

□项目内容　□目标顾客　□盈利模式　□生产过程　□销售渠道

4 能力训练

语言能力 概述商业模式

介绍商业计划就是说明这个项目的现状和发展潜力，目的是说服对方投资或合作。有研究发现，投资人看完一份商业计划平均只用3分44秒，甚至在两三分钟里就可以听完一个商业项目的介绍，并迅速决定是否继续洽谈。因此，快速简述一个商业计划的能力至关重要。

商业计划主要围绕商业模式、商业价值和可行性展开。其中，商业模式是商业计划最核心的内容。应该用一两句话介绍：

项目内容

- 提供什么产品或服务

（1）这次推出的是一款原价五万块钱的低价位汽车，必要只卖三万六千块。不但价格便宜，顾客还可以选择汽车靠垫的颜色、操控盘的大小、音响的配置。

（2）在我们的平台上，菜农发布菜地出租信息，市民根据需求在一定时间内租赁一定面积的菜地。

目标顾客

- 向谁提供产品或服务

（3）今天我们带来的项目是专注于运动健身人群的营养代餐食品——蛋白棒。

（4）我们的项目致力于为广大用户提供购房、卖房信息，并为房地产经纪机构、经纪人和开发商提供网络营销和推广服务。

盈利模式

- 怎么收费、赚钱

（5）售价不到品牌衬衫的五分之一。厂家怎么还能够赚到钱呢？因为有定制化的服务。比如，在袖子上绣个名字，成本不超过一块钱，但是顾客愿意为此多付二十块钱。

（6）菜地成功出租后，公司按月向菜农收取管理费。

生产、服务流程和渠道

- 如何制作或提供产品 / 服务

（7）在必要买眼镜，挑选的时候你就可以看到 3D 技术呈现的实际效果。当你确定款式并付款后，所有的数据就会传输到眼镜公司的生产线上，他们会为你一个人定制出这副眼镜。

（8）淘宝上有我们的官方旗舰店，线下还有一些健身教练、健身达人是我们的分销商。

练习

下面几段话主要介绍了与商业模式有关的哪些信息？在右侧的栏目表中勾选出来。

A.“酷特”的智能生产完全是“卖了再做”，我们工厂里的每件衣服都是有主人的。产品完全个性化，一个人一个款，和传统的大批量同质化的产品完全不一样。工业生产一般都要降低成本，提高效率，起订量非常重要，我们的工厂却是一件起订，每一件都不一样。在我们的运作模式中是没有成品库存的，我们的现金流非常充裕，几乎没有预占现金流。传统工厂的纯利润率不到 10%，而我们的至少翻了一倍。

A
□项目内容
□目标顾客
□盈利模式
□生产 / 服务流程

B. 1984年的洛杉矶奥运会由天才的商人彼得·尤伯罗斯出面负责组织，他锐意创新，用新的商业模式努力创收。比如在赞助费方面，他限定最终只有30家企业有资格赞助，每个行业一家，每家赞助费的底线为400万美元。赞助方案公布后，各行业内的企业竞争异常激烈，结果，30家企业共赞助3.85亿美元。这届洛杉矶奥运会总共赢利2.5亿美金，成为人类历史上第一次赢利的奥运会。

B
- □项目内容
- □目标顾客
- □盈利模式
- □生产 / 服务流程

C. 新的模式对生产进行了智能化的改造。只要上门为客户测量19个身体部位的22个数据，用电子智能系统几分钟就能够完成体型匹配。再根据客户的要求，及时调配原料，快速生产，跳过大部分中间环节，将西装直接送达客户。

C
- □项目内容
- □目标顾客
- □盈利模式
- □生产 / 服务流程

D. 本项目的业务定位是：短途的共享单车业务。主要面向对短距离出行有需求的人群，提供使用单车到达目的地且可以随取随停的服务。简单地说，就是解决最后几公里的出行痛点。基于这样的定位，我们首先将产品投入一线城市，抓住公共交通工具无法满足的细分区域市场。

D
- □项目内容
- □目标顾客
- □盈利模式
- □生产 / 服务流程

E. 我们四年前年从校园白手起家，为在校师生提供自行车共享服务的平台。用户在使用时，通过移动App输入车牌号即可获得密码解锁单车，将车骑至校内任意地方，并可以随时停放。另外，高校师生也可以将自己的单车交给我们经营，从而获得我们所有共享单车的免费使用权。

E
- □项目内容
- □目标顾客
- □盈利模式
- □生产 / 服务流程

F. 天猫商城的收费主要有：技术服务年费、实时划扣技术服务费。技术服务年费目前是3万元/年，商户在入驻时需一次性交纳。实时划扣技术服务费的标准是支付宝成交额（不含邮费）× 商品对应的技术服务费率。这两项收费是天猫商城最重要的收益来源。

F

□项目内容
□目标顾客
□盈利模式
□生产/服务流程

情景任务 电梯演讲

角色： 以你手机里的一个 APP 为商业项目。假设你是这个项目的负责人。

情景： 为了筹集资金，你要利用乘电梯的时间，向一位风险投资人说明你们的商业模式。请准备一份发言稿。

要求：

1. 抓住这个项目的商业模式的主要方面，以此引起投资人的兴趣。
2. 在小组内介绍，每个人的介绍时间不超过 2 分钟。
3. 记录其他同学介绍的商业计划。

第 8 课　项目融资计划

1 热　身

听力理解

有三位创业者利用乘电梯的时间，向风险投资人介绍了他们的创业项目。 8-1

1. 听后确定各个项目的主要特点。

项目一	行业：	□零售业	□交通业	□农业
	领域：	□校园经济	□民生经济	□共享经济
	业务：	□出售商品	□提供服务	
	融资：	□融资额最大	□企业估值最大	
		□第一次融资	□股权融资	
项目二	行业：	□零售业	□交通业	□农业
	领域：	□校园经济	□民生经济	□共享经济
	业务：	□出售商品	□提供服务	
	融资：	□融资额最大	□企业估值最大	
		□第一次融资	□股权融资	
项目三	行业：	□零售业	□交通业	□农业
	领域：	□校园经济	□民生经济	□共享经济
	业务：	□出售商品	□提供服务	
	融资：	□融资额最大	□企业估值最大	
		□第一次融资	□股权融资	

2. 小组讨论：如果你们是风险投资人，你们选择投哪个项目？为什么？

2 课文

某果园租赁平台融资项目 8-2

项目整体情况

一、项目介绍

本项目为一个果园租赁平台，果农在这个平台上发布出租信息，市民根据自己的需求在一定时间内租赁一定面积的土地。果树由农民负责种植，产出的水果归租赁的市民所有。市民可通过平台的视频24小时监控种植情况。果农根据市民的要求每周通过快递配送两次水果。超出配送次数，快递费由市民承担。

二、团队情况

创始人：李先生，九年前创立金土地农业生态有限公司。

联合创始人：马先生，一直在国内多家大型农业集团担任运营顾问，多次成功地为企业引进资本。

公司的核心成员皆从事企业运营多年，来自互联网、农业、培训、健康、金融等行业。负责技术开发的工程师，平均有十年的软件开发经验。

三、运营情况

本项目四年前开始开发软件，三年前申请了专利。公司于前年注册成立。目前网站建设基本完成，正在开发APP。为了更好地在一、二线城市进行推广，公司租赁了200亩土地作为样板果园，目前正在安装设备。

项目尚处于初创阶段，我们的目标和梦想远不止租赁一块土地。

项目优势

亮点：兼顾果农和市民的需求。让拥有水果资源的农民真正掌握定价权，不用再承担销售风险，收入有保障；让市民拥有一块真正属于自己的果园，去除中间的流通环节，让水果从“果园”直接到“家园”，种植环节透明，保证市民吃上实惠又安全的水果。

竞品：类似产品较少。

商业模式：果园租出后，公司按月向果农收取管理费。

融资需求

本项目的资金需求为1000万元，采用股权融资的方式，拟出让10%的股份。融入资金使用5年，用于完善网站建设、样板果园的建设以及宣传推广。

（根据投融界网站资料《湖北某菜园租赁平台项目股权融资1000万》改写）

词语表

8-3

1. 租赁　zūlìn　动　租用，出租。
   他与房东签订了一年的房屋租赁合同，租金三个月一付。
2. 快递　kuàidì　名　特快专递的简称，也叫速递。
   据统计，武汉市快递配送的速度位居中部地区的第一名。
3. 配送　pèisòng　动　把某一类物品按规格进行搭配、包装等，并负责运送。
   一些蔬菜种植公司开展的蔬菜配送业务已发展得红红火火。
4. 团队　tuánduì　名　（具有某种性质的）集体、团体。
   经过5年的发展，公司已由5人的核心团队发展成约150人的人才队伍。
5. 创立　chuànglì　动　初次建立。
   虽然他在大型企业有8年的工作经验，但是在自己创立公司的初期还是遇到了巨大的困难。
6. 有限公司　yǒuxiàn gōngsī　企业的一种组织形式，也叫有限责任公司。
   有限公司一般由2至50个股东共同创立，每个股东以自己的出资额对公司承担有限责任。
7. 联合创始人　liánhé chuàngshǐrén　指企业初创时期的创业伙伴。
   创始人应该独立创业还是增加联合创始人？本文给出了一些建议。

8. 顾问　gùwèn　名　有某方面的专业知识，为个人或组织提供咨询的人。

律师在担任企业法律顾问之时，一般需要对企业进行风险评估。

9. 资本　zīběn　名　经营工商业的本钱，用于投资的本钱。

公司当前的战略重点是引进资本和人才，为企业转型发展带来强大动力。

10. 培训　péixùn　动　培养和训练（技术工人、专业人士等）。

教育培训行业的很多机构都认为应该建设自己的在线课堂。

11. 专利　zhuānlì　名　发明者因创造发明而独自享有的利益。

苹果公司申请了一项专利技术，用户能用指纹悄悄报警。

12. 亩　mǔ　量　土地面积单位，1 亩≈666.67 平方米。

老刘是个菜农，他承包了近千亩菜地。

13. 样板　yàngbǎn　名　作为范本、榜样的事物。

我们将以这块已建成的样板菜地为标准，打造一个都市里的农庄。

14. 定价权　dìngjiàquán　能够主动规定价格的权力。

中国是铁矿石进口大国，但并没有掌握铁矿石的国际定价权。

15. 竞品　jìngpǐn　名　同类商品中品质和价格相近的商品，竞争对手的产品。

竞品分析是指对现有的或潜在的竞争产品的优势和劣势进行评价。

16. 类似　lèisì　动　大致相像。

该公司打算开发一款类似支付宝的产品。

17. 收取　shōuqǔ　动　收下（交来或取来的款项）。

当地的规定是，房屋如果长期不居住，物业费应按原价的 70% 收取。

18. 股权　gǔquán　名　股东对所投资的股份公司因投资所享有的权利。

股权融资就是通过增发股份或出让股权，得到企业发展所需的资金。

19. 出让　chūràng　动　出卖或转让（个人自用的东西）。

张总向记者表示不会让出控股权，未来出让股份的上限为 30%。

专有名词

一、二线城市	Yī、èrxiàn Chéngshì	中国一、二线城市的划分并没有统一的学术标准，它是因媒体或专家常用而形成的一种大众认知。常见的划分标准包括：城市发展水平、生活水平和人均收入、房价、国际知名度等。一线城市（first-tier city）一般指在国家政治、经济活动中处于重要地位并具有主导作用的大都市。如中国的北京、上海、广州、深圳。二线城市（second-tier city）指对地域经济和社会具有较大影响作用的大都市，如经济较发达、消费水平较高的大中城市或一般省会城市。如杭州、南京、成都、武汉、昆明、温州。

3 练习

一、根据词语和拼音，选择正确的汉字填空。

lìn 租（ ） 赁 凭

pèi （ ）送 酷 配

gù （ ）问 顾 扼

zī （ ）本 姿 资

jìng （ ）品 竞 竟

gǔ （ ）权 投 股

二、选词填空。

资金　资产　资本

1. 这个机场是江西省首个民间________投资的通用机场。
2. 作为企业的一种无形________，商标可以为企业创造价值。
3. 公司有现金 20 多亿元，________充裕，不会影响投资并购、日常经营等事项。
4. 公司对固定________中的房屋建筑物的折旧年限由 20 年调整变更为 20～40 年。
5. 为了扩张店面，老板准备把隔壁的店铺也租下来，由于________周转紧张，便到银行贷款。
6. 随着________市场的发展，企业的融资渠道也增多了。

语言知识

资金　资产　资本

资金是各项财产物资的货币表现，用来进行流通周转。企业的资金来自贷款、债券发行和股东出资等渠道。

资产是指由企业拥有或控制的经济资源，能够用货币计算。如货币资金、厂房场地、机器设备、原材料等，都属于企业的资产。另外，专利权、商标权等是无形资产，企业对其他单位的投资等，也都属于企业的资产。

资本是企业投入经营的本钱。如货币、机器、厂房、原料、技术知识等。资本会不断地创造出剩余价值。宏观经济学认为，资本包括物质资本、人力资本、自然资源等。

三、选择恰当的词语，完成下面的句子。（注意与加点词语的搭配）

顾问	股权	配送	租赁	创立
资本	专利	类似	出让	收取

1. 有位中国企业家连续________了三家市值超过10亿美元的公司，创造了世界企业史上的奇迹。
2. 任何招聘单位以任何名义向求职者________报名费的行为，都属非法行为。
3. 爱心药店是全市首家24小时营业药店，并且任何时段都能免费为顾客________药品。
4. 大多数租户不会特别关心________合同的最长期限，因为一般的租房周期都不超过1～2年。
5. 这15位法律专家、律师将担任市政府的法律________。
6. 近年来，我们公司大力引进民间________，发展蔬菜产业。
7. 谷歌日前申请了一项自动驾驶汽车的技术________。
8. 多家银行纷纷推出________“余额宝”的产品。

9. 顺丰公司确认完成首轮融资，________股份未超过25%。

10. 现在的企业已经不喜欢用债券进行融资了，而是用________进行融资，因为后者的成本更低，效率更高。

四、用指定的词语描述图片或图表。

1. 租赁

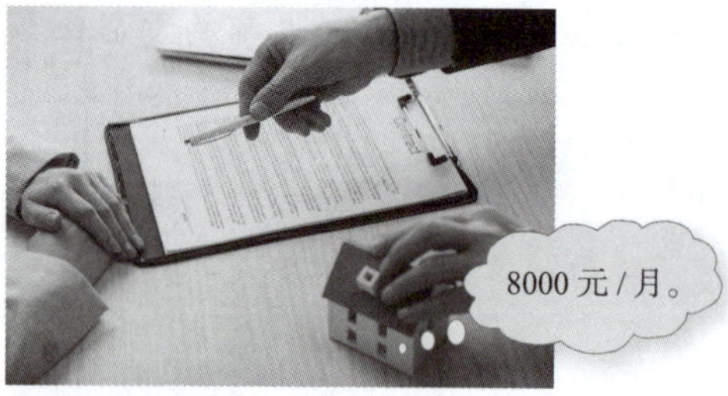

2. 出让、股权

3. 团队、创立、联合创始人

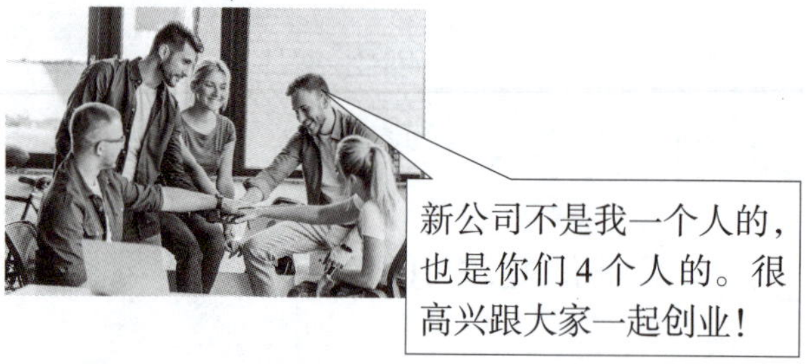

4. 专利、定价权

五、找出下列句子的主干。

1. 市民根据自己的需求在一定时间内租赁一定面积的土地。
   主干：________________________________

2. 果农根据市民的要求每周通过快递配送两次水果。
   主干：________________________________

3. 负责技术开发的工程师，平均有十年的软件开发经验。
   主干：________________________________

4. 为了更好地在一、二线城市进行推广，公司租赁了200亩土地作为样板果园。
   主干：________________________________

5. 果园租出后，公司按月向果农收取管理费。

主干：____

六、将下面的句子改写为口语体。（加点的部分必须替换为口语词语）

1. 产出的水果归租赁的市民所有。

____

2. 公司的核心成员皆从事企业运营多年。

____

3. 项目尚处于初创阶段。

____

4. 本项目兼顾果农和市民的需求。

____

5. 本项目拟出让 10% 的股份。

____

七、根据课文完成练习。

1. 文章主要介绍了一个与________有关的商业项目。

A. 出售土地　　B. 出租土地　　C. 销售水果　　D. 监控水果

2. 介绍这个商业项目的目的是________。

A. 广告宣传　　B. 建设网站　　C. 寻找资金　　D. 出让股份

3. 这家企业的联合创始人在________方面比较有经验。

A. 融资　　B. 投资　　C. 农业　　D. 技术开发

4. 这个项目按顺序已经完成了________。

A. 开发软件、申请专利、注册公司、开发 APP、租赁土地

B. 注册公司、开发软件、开发 APP、申请专利、租赁土地

C. 开发软件、开发 APP、申请专利、注册公司、建设样板果园

D. 注册公司、开发软件、开发 APP、申请专利、建设样板果园

5. 这个项目的主要优势是________。

A. 掌握定价权　　B. 有自己的果园　　C. 水果安全　　D. 对手较少

6. 根据课文，完成下面的表格。

某果园租赁平台项目	
所属行业：	
融资金额：	
融资方式：	
资金方占股比例：	
融资期限：	
融资用途：	

八、读后分析。

1. 作者从哪些方面介绍了他们的商业项目？

____

____

2. 以下内容介绍了项目哪些方面的情况？

	公司的核心团队皆从事企业运营多年，来自互联网、农业、培训、健康、金融等领域。
	果园租出后，公司按月向果农收取管理费。
	本项目的资金需求为 1000 万元，采用股权融资的方式，拟出让 10% 的股份。
	本项目兼顾果农和市民的需求。

4 能力训练

语言能力 说明商业计划的价值和可行性

介绍商业计划，关键要体现它的价值和可行性，不必面面俱到或详细深入，核心内容一般体现在以下几个主要方面，每个方面尽量只用一两个句子说明。

商业模式

• 说明产品或服务如何赚到钱

（1）果园租出后，公司按月向菜农收取管理费。

（2）票房是本演唱会项目的主要收入来源，其次是企业赞助、企业冠名等，最后是周边产品的收入。

（3）目前本项目的盈利点为体检服务，未来盈利点有复健、慢性病管理、健康管理服务等。

创新点

• 如何解决用户的问题，或者如何填补市场的空白

（4）本项目兼顾果农和市民的需求。

（5）本项目推出的产品是国内首款具有汉藏双语操作界面的手机音乐 APP。

（6）采用本技术，车库的容车量可以增加 20% 以上，并且车位同时具备充电功能。这既解决了车位问题，又解决了新能源汽车的充电问题。

市场规模和潜力

• 用数字和文字具体描述市场的大小，以及未来的发展空间

（7）截至去年，全国儿童摄影企业总数为 9.2 万家，年营业额达 615 亿元，中国儿童摄影市场已稳居世界第一。

（8）目前，中国宠物市场的潜力至少可达 500 亿元。一条完整的产业链已经逐渐形成，宠物的衣食住行、生老病死，每个环节都可创造相当丰厚的利润。

（9）今年空气净化器的销量同比增长超过 8%，而当前每 100 个家庭只拥有 4 台净化器，市场空间有待开发。

竞争优势

- 超过或者不同于竞争对手的特点

（10）市场上类似产品较少。

（11）本项目团队拥有丰富的羽毛球培训和组织经验，且项目已经积累了众多稳定的健身顾客。

（12）本项目的日订单量已超过 180 万，成为中国第九家日订单量过百万的电子商务平台，覆盖全国 26 个城市，并即将开始在英美等国运营。

工作团队

- 管理层和员工的构成情况、专业背景、行业经验

（13）公司的核心成员皆从事企业运营多年。

（14）该电影集合了来自美国好莱坞的主创团队及国内外一线演员，票房号召力强大。

（15）“大自然教育基地”项目已组建了一支由体育老师、生物专业人员、资深户外爱好者、转业特种兵组成的教练队伍。

盈利能力

- 在多长时间内赚到多少钱

（16）凭借口碑传播，短短一年的时间，我们的销售额从 10 万元提高到上亿元的规模。

（17）项目已按计划完成一期建设，实现近 5000 万的营业额、约 1000 万的净利润。

（18）据我们统计，该地区有 921 只宠物，按每只宠物平均月消费 700 元来计算，除去同行的竞争，我们每个月最低可以有 15 万的收入。

融资需求

- 所需的资金额及时间段、融资方案、资金用途等

（19）所得资金主要用于产品研发、市场推广、购买生产设备等。

（20）公司此次计划融资 1.53 亿美元，用于开拓全球市场。

（21）本项目的资金需求为 500 万元，采用股权融资的方式，拟出让 10%～20% 的股份。

练习

请概括下面各段话的主要内容，将字母写在相应的段落旁。

A. 商业模式　　B. 竞争优势　　C. 盈利能力　　D. 融资需求　　E. 市场规模

预计中国单车租赁市场规模将上升至13.63亿元，用户将达9026.15万人。平安证券认为“共享单车市场规模在120亿～200亿元，其投放量和使用频率直接决定了市场空间”。考虑到网约车市场规模早已是千亿级别，共享单车市场未来达到千亿规模也是有可能的。

我们的盈利一部分来自用户租赁单车所付的租金；一部分是运营收益，比如广告代理业务；还有一部分是流量收益，来自合作平台。我们目前还处于品牌积累的时期，当品牌的价值越来越大，还会带来溢价收益。

公司过往的融资金额已接近10亿美元，估值达20亿美元。投资者包括：蚂蚁金服、滴滴、经纬创投、小米等。现启动新一轮融资计划，出让2.3%的股权，融资7亿美金，主要为规模化扩张和市场竞争提供足够的资金支持。

公司从相对封闭的校园市场做起，再往外扩展到城市，这是一条很容易走通的路。虽说扩张到校外市场也会面临损坏率高的问题，但我们最大的优势就在于成本低。一辆车的成本低，维修成本也低，而且在现场就可以维修。

我们的单车加上折旧、维修、后续运营等成本，一辆车的成本约为270元。收入方面，每天每车使用量在10次左右，单价为0.5元，即每天每车收入为5元。算下来，每辆车两个月左右可收回成本。另外，尽管校园市场不够大，但一天能做个两三百万单，一年也有几个亿的收入。再加上已经做起来的校外市场，我们已成为一家独角兽公司。

★ 独角兽：（投资界用语）比喻估值10亿美元以上，并且创办时间相对较短的公司。

情景任务 撰写商业计划

角色：以你手机里的一个 APP 为商业项目。假设你是这个项目的负责人。

情景：为了筹集资金，公司准备在某个融资网站发布项目简介。

要求：

1. 请写一份商业计划简介，内容必须包括商业模式、创新点、竞争优势、盈利能力、融资需求，还可以包括市场规模、工作团队等等。

2. 字数：500 字左右。

5 扩展阅读

问题

1. 这个项目的商业模式是什么？（项目内容、目标顾客、盈利模式、销售渠道）
2. 这个项目有什么竞争优势？盈利能力如何？
3. 这个项目有什么融资计划？
4. 投资人对这个项目是否有兴趣？他的理由是什么？

项目融资面谈（节选）

创始人A：尊敬的投资人，您好！今天我们带来的项目是专注于运动健身人群的一种营养代餐食品。我们现在的月销售额大概是60万人民币，预计未来12个月将做到1000万元。我们计划融资200万人民币，出让10%的股份。希望您的投资能帮助我们的品牌“更上一层楼”。

投资人：这个产品是你们开发的，还是从国外进口的？

创始人A：产品的配方是我们自己开发的。

投资人：品牌的名字注册了吗？

创始人A：名字、商标都已经注册了。

投资人：卖多少钱一盒？

创始人A：官方售价89.9元一盒。

投资人：你们的用户是需要补充蛋白粉的健身人群，还是也包括不健身的人？

创始人A：只针对运动健身人群。

投资人：那么这个群体有多大呢？

创始人A：在中国可能有三千万左右的规模。

投资人：这个数字你们可能低估了。连我投过的一个健身APP的注册用户都已经超过三千万了。你们通过什么渠道销售？

创始人A：淘宝上有我们的官方旗舰店，线下还有一些健身教练、健身达人是我们的分销商。

投资人：你们三个在公司怎么分工？股份结构什么样？

创始人 A：我是 CEO，负责产品供应链和公司的运营，占公司 50% 的股份。

创始人 B：我占 25% 的股份，我负责技术设计以及品牌推广。

创始人 C：我负责电商渠道销售，占 25% 的股份。

投资人：你们这个团队里面，谁负责品牌营销？

创始人 B：品牌营销是我负责，但是因为我们三个都缺乏这方面的经验，所以大部分时候还是去请教外面的专家。

投资人：我觉得这是你们这个项目的硬伤。

创始人 A：我们现在的确需要品牌运营高手的帮助，这也是我们来到这里的原因，我们需要您的资源。

投资人：如果用你们三个中的一个来换一个更懂市场营销的人，谁该出局？

创始人 A：我们三个都不应该离开。我们有一个共识，愿意稀释股份去接纳这个能把品牌做大的人。

投资人：现在有期权池吗？

创始人 A：有 10% 的期权池。

投资人：上一轮融资多少钱？

创始人 A：上一轮？ 150 万，15%。

投资人：什么时候？

创始人 A：去年 11 月份。

投资人：150 万到现在还没用完？

创始人 A：没用完，因为公司现在已经能够自负盈亏了。

投资人：我认为这是个好生意，只是需要更大的平台去扩展规模。你们这个团队有明显的缺陷，但也有我最看重的两个东西。一个是你们对这个项目有“深入肌肉”的爱，第二个是你们之间的合作有强大的凝聚力。你们三个足够优秀，所以我的决定是：投！

（根据电视节目《合伙中国人》第一季第 8 期“腹愁者”项目改写）

团队任务

任务说明

商业路演：介绍商业计划以赢得投资。

★ 路演：（Roadshow）在公共场所进行演说，向他人推介公司、品牌、产品、想法的一种方式。常见于证券、投资等商业领域。

任务要求

（1）产品：选择你们国家的一种产品。

（2）平台：选择淘宝网上的一家店铺，作为销售产品的合作平台。

（3）计划：制订与这个电子商务平台的合作计划，并明确项目的商业价值和可行性，提出融资需求。

（4）路演：向“投资者”介绍这个合作计划，争取赢得融资机会。

任务步骤

分组	组成小组，确定组长、时间安排及分工等内容
选择产品与平台	选择一种来自你们国家的产品 考察淘宝网，选择一家网店作为合作对象
确定计划	确定合作计划的细节 确定融资的具体需求
口头 / 书面报告	产品、网店 合作计划（商业模式、商业价值、可行性） 融资需求

第五单元 消费心理和行为

下图中的人在做什么？他们看起来怎么样？为什么？

人们的购买行为和消费心理有一些共同规律，也有个性化的差异。越了解消费者，越有可能实现商业上的成功。

调查和访谈是研究、分析消费者的常用方法之一，是商务人士应具备的重要能力。在本单元，我们将围绕这一能力展开学习与训练。

能力项目	进行商业调查访谈，报告调查结果
商务词语	辨析近义词：营利—盈利—赢利
	掌握与“花钱”有关的词语
专业知识	了解消费心理和消费行为的概念
	了解“她经济”的含义
背景知识	了解中国女性消费者在行为和心理上的一些特点

第9课　消费调查

1 热　身

听力理解

听句子，完成练习。 9-1

1. 听下列句子，然后将它们补充完整。

（1）你了解奢侈品最常用的渠道__________？

（2）你去年购买奢侈品的主要原因__________？

（3）你去年主要购买了__________种类的奢侈品？

（4）你__________对某些品牌有较高的忠诚度？

（5）你__________去过主题公园？

（6）假如这款护肤品价格上涨至200元，你__________会选择其他同类产品？

（7）提到面包类产品，你首先会想到__________品牌？

（8）你最常用__________预订酒店？

2. 上面的问题中，哪些是针对消费心理的，哪些是针对消费行为的？

消费行为

消费心理

2 课 文

奢侈品消费调查问卷（节选）

1. 你了解奢侈品最常用的渠道是什么？（最多选三项）

□报纸	□淘宝等电商平台
□杂志	□奢侈品垂直电商网站
□电视	□微信
□户外广告	□微博
□国内主要门户网站	□听人说
□奢侈品牌官网	□其他________

2. 与两三年前相比，你觉得自己对奢侈品品牌的了解增加了吗？

□大幅增加　□明显增加　□略有增加　□没有增加

3. 你去年主要购买了哪些种类的奢侈品？（最多选三项）

□手表	□化妆品、香水和个人护理产品
□手包和行李箱	□电子产品
□服装和配饰（帽子、围巾等）	□鞋类
□珠宝	□酒类
□家居用品	□其他________

4. 你去年用于购买奢侈品的支出占家庭收入的比例是多少？

□ 0 ～ 10%　□ 11% ～ 20%　□ 21% ～ 30%　□ 30% 以上

5. 你去年购买奢侈品的主要原因是什么？

□代购（非营利）	□代购（营利）
□商业礼品	□给亲友的礼品
□自用	□其他________

6. 过去一年中，你在什么地方购买的奢侈品最多？

□中国内地 / 大陆　□港澳台地区（含代购）　□海外（含代购）

7. 吸引你到境外购买奢侈品的主要原因是什么？

□产品的范围更大，选择更多　□零售环境更好

□新品上架更快　□价格更优惠

□正品保证　□销售人员的服务更好

8. 未来一年你在奢侈品上的开支会有什么变化？

□增加　□减少　□基本持平

9. 你是否对某些品牌有较高的忠诚度？

□有　□没有　□不知道

10. 选择奢侈品的时候，你最关注的因素是什么？（最多选三项）

□产品的做工和品质　□品牌历史和文化

□产品的性价比　□品牌的认知度

□产品的稀缺性（限量版）　□显示地位、财富

□设计师和设计风格　□其他________

□是否引领时尚

（改写自《中国奢侈品报告：战绩回暖，挖掘永动创新力》，杜思思，《财富》，2017 年 6 月）

词语表

9-2

1. 奢侈品　shēchǐpǐn　超出人们生存与发展需要的高档消费品。

这个新开的商场吸引了很多家奢侈品品牌入驻。

2. 问卷　wènjuàn　名　列有若干问题让人回答的书面调查材料，目的在于了解人们对这些问题的看法。

本次调查共发放问卷 2000 份，回收有效答卷 1915 份。

3. 门户网站　ménhù wǎngzhàn　为用户提供新闻、搜索引擎、电子邮箱、电子商务、网络游戏、网页空间等的大型网站。如谷歌、新浪、搜狐、腾讯、百度。

他是一家著名的门户网站的 CEO。

4. 官网　guānwǎng　名　官方办的网站。

你可以先上这个品牌的官网去看看价格。

5. 垂直电商　chuízhí diànshāng　在某一个行业或细分市场深化运营的电子商务模式。

数据显示，近 6 成的准妈妈购买孕妇产品时，首选母婴类垂直电商。

6. 微博　wēibó　名　微型博客的简称。内容简短，一般不超过 140 个字。

据调查，“90 后”最爱用微博了解世界。

7. 珠宝　zhūbǎo　名　珍珠宝石一类的饰物。

今天的拍卖会上您将看到五件最华丽的珠宝。

8. 支出　zhīchū　名　（会计用语）支付的钱款。

公司计划减少购买办公设备的支出。

9. 代购　dàigòu　从其他地区请他人代为购买所需要的商品。

海外代购是代购商从客户手里收取货款、手续费后，去海外商店选购对应商品，并交给客户，代购商赚到的是商品的差价或手续费。

10. 营利　yínglì　动　谋求利润。

很多国家都有支持艺术电影的非营利组织，比如法国 CNC、中国电影基金会、韩国振兴委员会等。

11. 上架　shàngjià　动　把商品放到货架上，指开始销售。相反的是“下架”。

临近春节，旅行社的出境游产品已陆续上架。

12. 正品　zhèngpǐn　名　由品牌自己制造的质量符合规定标准的产品。相反的是“假货、赝（yàn）品、次品”。

假货的粗制滥造永远比不上正品的精致。

13. 开支	kāizhī	名	付出的费用。
	调查发现，市民在体育活动上的开支下跌了一成。		
14. 做工	zuògōng	名	制作的技术或质量。
	这款新产品做工精细，用料高档。		
15. 性价比	xìngjiàbǐ	名	商品或服务的质量等相关性能与价格所形成的比率。
	这台电动车的性价比比较高。		
16. 引领	yǐnlǐng	动	引导、带领（向某一方向运动、发展）。
	有些服装品牌缺少个性，总是追随时尚而非引领时尚。		
17. 财富	cáifù	名	具有价值的东西。
	古代的贵族常常用玉或黄金做的饰品来显示自己的地位和财富。		

专有名词

微信	Wēixìn	腾讯公司的一款提供即时通信服务的应用程序。

3 练习

一、根据词语和拼音，选择正确的汉字填空。

shē （　）侈品 著　奢	zhū （　）宝 株　珠	chuí （　）直 垂　重	fù 财（　） 幅　富
juàn 问（　） 卷　券	lì 营（　） 力　利	lǐng 引（　） 邻　领	gòu 代（　） 购　沟

二、选词填空。

营利　　盈利　　赢利

1. 这家旅游公司对外公布，7月份________超过3000万元，结束了长达43个月的亏损局面。
2. 为了缓解老年人看病难的问题，昆明成立了首家非________性的专业老年病医院。
3. 有专家认为，互联网未来的________模式将逐步转为直接向用户收费，而不只是传统的收取广告费模式。
4. 国家公务员不可以经商、办公司或者参与其他以________为目的的活动。
5. 公司的财务报告提到，预计到明年第二季度可以实现________。
6. 同一行业的两家企业，一个巨额亏损，另一个却________丰厚。

语言知识

营利　盈利　赢利

营利，动词，意思为“谋求利润”，表示以寻求利润为目的进行经营活动。比如“营利活动”。相反的情况可以说“非营利”，如“非营利组织”（NPO，non-profit organization）。

盈利，名词，是财务和商务专业用语，意思是扣除成本后所得的利润，如财务报告常用“一季度盈利32万元”。

赢利，做动词，指获得利润，如“赢利丰厚”；做名词，意思同“盈利”。

三、选择恰当的词语，完成下面的句子。（注意与加点词语的搭配）

问卷	做工	营利	引领	垂直电商	性价比
开支	上架	正品	财富	门户网站	奢侈品

1. 这种传统手工布鞋________精细，穿着舒适，受到了不少消费者的喜爱。
2. 这款手机推出玫瑰金配色，一上市就________了时尚潮流，成为当年销量最高的机型。
3. 当当网曾是书籍类________，现在已经逐步转型为销售各类百货的综合电商。
4. 曾经用来显示________与地位的私家车已经成了平常百姓的日常出行工具。
5. 宁波市近期发放了4000余份调查________，调研结果显示，交通、医疗、教育和文化设施是市民最为关心的四大热点。
6. 腾讯网是一家包含各类新闻、娱乐和服务内容的________。
7. 联合国儿童基金会（UNICEF）帮助了很多国家和地区的贫困儿童，是全球著名的非________组织。
8. 除了线下专卖店，消费者还可以在品牌的官网购买________，不用担心买到假货或二手货。
9. ________品牌在为门店选址时一般都首选黄金地段。

10. 中秋节前夕，各个品牌的月饼产品纷纷________。

11. 德国学生在交通上的________不算大，因为他们在很多城市都可以享受交通费优惠政策。

12. 购车时，消费者一般比较关注________、配置、外观和品牌服务。

四、用指定的词语描述图片或图表。

1. 奢侈品、正品

2. 垂直电商、性价比

3. 支出

8 月家庭账本			
收入		消费	
王先生工资	12000 元	日常生活费	5000 元
		交通费	1000 元
王太太工资	8000 元	房租	5000 元
		其他	1000 元
总计	20000 元	总计	12000 元

4. 做工、上架、官网

5. 营利

五、找出下列句子的主干。

1. 与两三年前相比，你觉得自己对奢侈品品牌的了解增加了吗？
   主干：______________________________

2. 你去年用于购买奢侈品的支出占家庭收入的比例是多少？
   主干：______________________________

3. 吸引你到境外购买奢侈品的主要原因是什么？
   主干：______________________________

4. 未来一年你在奢侈品上的开支会有什么变化？
   主干：______________________________

5. 你是否对某些品牌有较高的忠诚度？
   主干：______________________________

六、将下面的句子改写为口语体。（加点的部分必须替换为口语词语）

1. 我对奢侈品品牌的了解比两三年前略有增加。
   ____

2. 他购买奢侈品主要是为了作为礼品送给亲友。
   ____

3. 我购买奢侈品主要是为了自用。
   ____

4. 未来一年我在奢侈品上的开支会与今年基本持平。
   ____

七、根据课文完成练习。

1. 请根据受访者的情况，帮助他们回答问卷。

我主要是在搜狐和京东上了解奢侈品，平时也比较留意街头的奢侈品广告。

- 你了解奢侈品最常用的渠道是什么？（最多选三项）

□报纸　□国内主要门户网站　□微信
□杂志　□奢侈品牌官网　□微博
□电视　□淘宝等电商平台　□听人说
□户外广告　□奢侈品垂直电商网站　□其他________

说到奢侈品，我去年买了皮带和项链。

- 你去年主要购买了哪些种类的奢侈品？（最多选三项）

□手表　□化妆品、香水和个人护理产品
□手包和行李箱　□电子产品
□服装和配饰（帽子、围巾等）　□鞋类
□珠宝　□酒类
□家居用品　□其他________

我去年出国的时候帮朋友购买了几样奢侈品。

- 你去年购买奢侈品的主要原因是什么？

□代购（非营利）　□代购（营利）
□商业礼品　□给亲友的礼品
□自用　□其他________

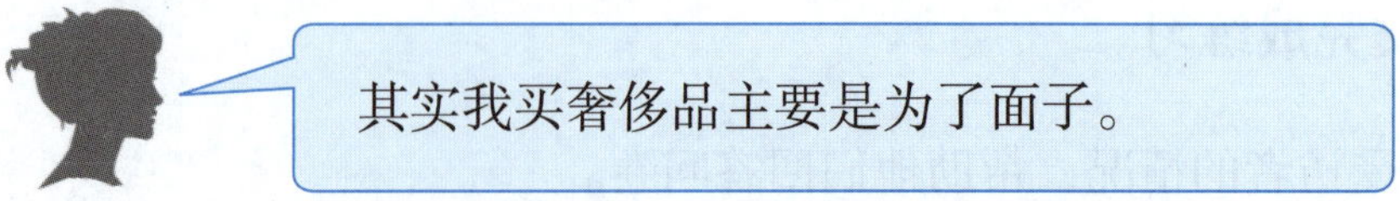

- 选择奢侈品的时候，你最关注的因素是什么？（最多选三项）

☐产品的做工和品质　　☐品牌历史和文化

☐产品的性价比　　☐品牌的认知度

☐产品的稀缺性（限量版）　　☐显示地位、财富

☐设计师和设计风格　　☐其他________

☐是否引领时尚

2. 选择正确答案。（可多选）

（1）根据所询问的角度，将问卷中以下问题归入下面两个类别中。

A. 主要购买了哪些种类的奢侈品？

B. 购买奢侈品的支出占家庭收入的比例是多少？

C. 购买奢侈品的主要原因是什么？

D. 在什么地方购买的奢侈品最多？

E. 到境外购买奢侈品的主要原因是什么？

F. 选择奢侈品时最关注的因素是什么？

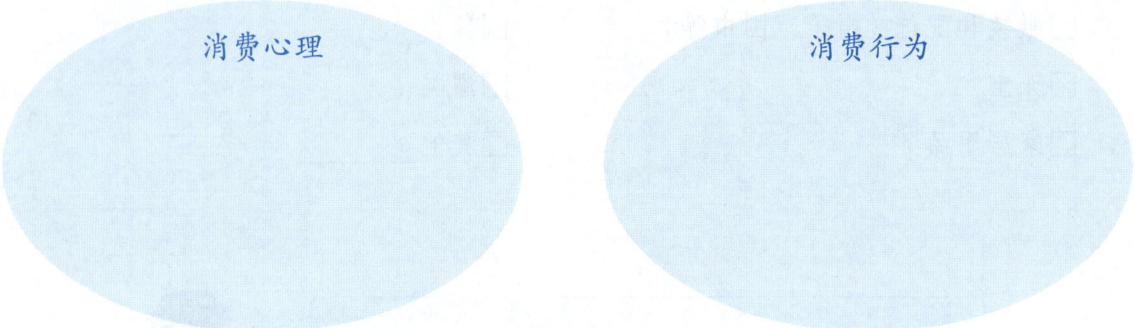

（2）用这份问卷进行调查，可以了解________。

A. 消费者对某一品牌的认知度　　B. 消费者购买最多的奢侈品种类

C. 消费者最喜爱的奢侈品品牌　　D. 消费者购买奢侈品的支出情况

E. 奢侈品网站的运营情况　　F. 消费者购买奢侈品的主要原因

G. 国内奢侈品品牌店的劣势　　H. 消费者对某一品牌的忠诚度

八、读后分析。

1. 将下列问句补充完整，然后朗读。
2. 分析哪些问题询问的是客观事实，哪些询问的是主观态度。

	你了解奢侈品最常用的渠道是______？
	你觉得自己对奢侈品品牌的了解比两三年前增加了______？
	你去年主要购买了______种类的奢侈品？
	你去年用于购买奢侈品的支出占家庭收入的比例是______？
	你去年购买奢侈品的主要原因是______？
	过去一年中，你在______地方购买的奢侈品最多？
	吸引你到境外购买奢侈品的主要原因是______？
	未来一年你在奢侈品上的开支会有______变化？
	你______对某些品牌有较高的忠诚度？
	选择奢侈品的时候，你最关注的因素是______？

4 能力训练

语言能力　商业调查访谈中的提问方式

研究消费者的行为和心理时，经常用调查和访谈的方法获取商业信息。调查者通过书面提问的方式获取有价值的数据和信息。而访谈是通过口头问答直接获取主观看法、客观情况等信息。在实际工作中，这两种方法常常被结合起来——利用问卷进行访谈，以询问的方式引导对方提供所需的信息。在问卷中，问题的设计至关重要，好的询问方式不仅可以将问题传递给对方，还能使对方乐于回答。

根据询问的内容，问题的类型主要有：

事实性问题

• 询问客观发生的事实、行为

（1）你是否去过主题公园？

（2）你去年主要购买了哪些种类的奢侈品？

意见性问题

• 询问意见、态度等心理活动

（3）你对某些品牌有较高的忠诚度吗？

（4）选择奢侈品的时候，你最关注的因素是什么？

敏感性问题

• 询问一些被调查者不方便或不愿当面回答的问题，比如私人问题，需注意使用委婉间接的提问技巧

（5）你属于下面哪个年龄段？（选择题）

（6）您的家庭年收入的大概范围是________？（选择题）

过渡性问题

- 在询问心理或行为之前，先询问心理或行为是否存在

（7）你以前学习过商务汉语课程吗？□是（请继续回答下一题）□否

（8）你用过哪本商务汉语教材？________

假设性问题

- 先假设一种情况，然后询问心理或行为

（9）假如这款护肤品价格上涨至200元，你是否会选择其他同类产品？

（10）如果我们继续编写中级商务汉语教材，你有什么建议？

练习

一、阅读下列问题，完成练习。

A. 你是否去过主题公园？

B. 如果我们继续编写中级商务汉语教材，你有什么建议？

C. 你的企业目前是否已经在使用工业机器人？如果没有，企业是否有打算在一年内引进工业机器人？如果在使用，企业目前有多少台工业机器人？

D. 你的企业生产线人力成本每年上涨多少？

E. 你是否感受到了生产线人力成本上涨的压力？

F. 如果我们的音乐软件推出10元左右的包月使用套餐，你会订购吗？

G. 你属于下面哪个年龄段？

H. 你希望公司为你提供哪类培训？

I. 你们企业购买机器人的主要资金来源是什么？

1. 将上面的问题分别归入以下类型。

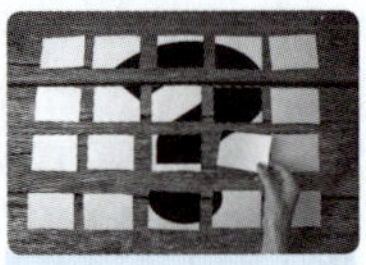

事实性问题

意见性问题

敏感性问题

过渡性问题

假设性问题

2. 问题 A ～ I 的回答方式可以分别设计为下面哪一种？为什么？

○是　　○否

（是非选项）

____

（自填回答）

○政府补贴
○自有资金
○银行贷款
○资金融资

（封闭选项）

□专业技能
□人际关系及沟通技能
□外语能力
□其他________

（半封闭选项）

1. 没有压力
2. 压力不大
3. 压力较大
4. 压力很大

（程度选项）

○ 1% ～ 5%
○ 6% ～ 20%
○ 11% ～ 20%
○ 20% 以上

（范围选项）

二、根据调查需求，设计问题和选项。

1.

2.

3.

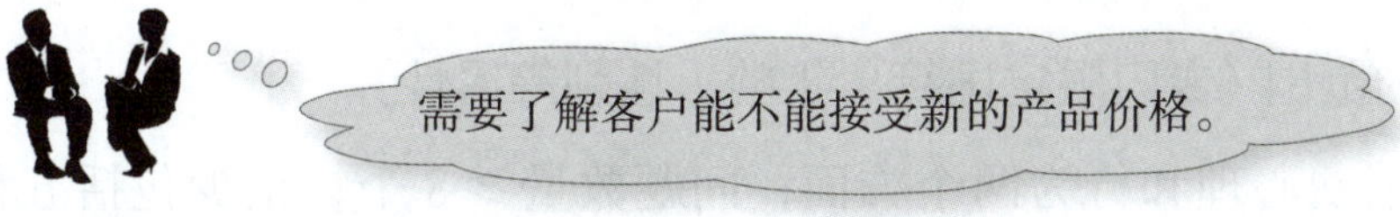

4.

情景任务 设计调查问卷

角色： 你在某商务咨询公司工作，负责对餐饮市场进行调研。

情景： 你有一个中国客户，是一家专门经营中国菜的餐厅。为了吸引本地的外国人，这个客户想了解外国人的中餐消费行为和心理。

要求：

1. 设计一份调查问卷。
2. 主题为餐厅消费。
3. 可缩小调查人群的范围（专门限定国籍、年龄、性别等属性）。
4. 问题的内容包括消费心理和行为两个方面；问题数量≥ 8 个；至少包括五种类型的提问方式。

第 10 课　个性消费

1 热　身

小组讨论

1. 下列图表反映了某项商业调查的部分结果，这项调查针对的是：□消费心理　□消费行为

运动频率（男性 vs 女性）

运动消费（男性 vs 女性）

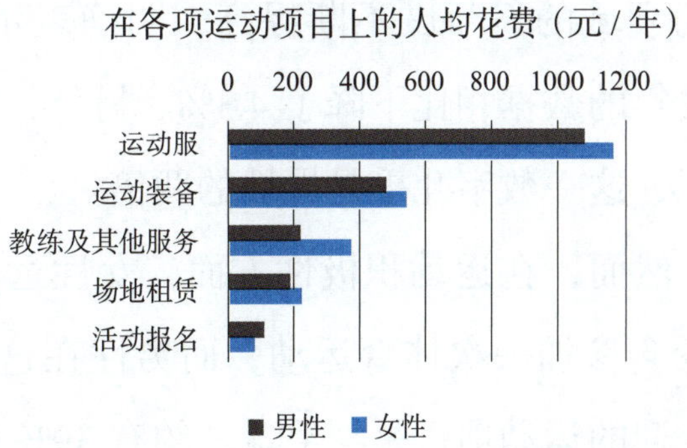

2. 如果图表中的问题由你们负责调查，口头访谈和书面问卷应该怎么提问？

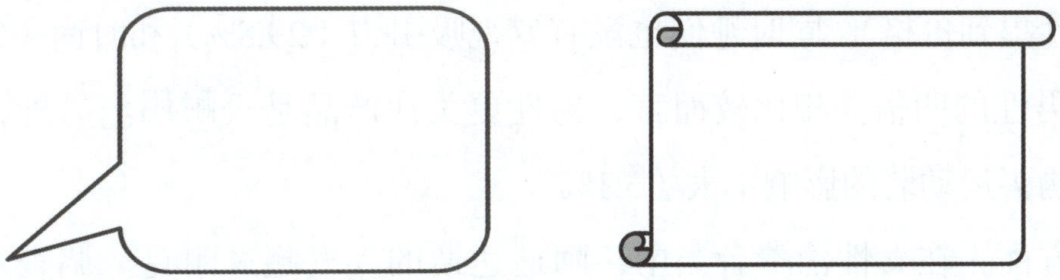

3. 根据图表，男性和女性在运动消费方面有什么差异？

2 课 文

“她”的运动消费 10-1

随着女性经济地位和社会地位的提高，围绕女性消费形成了一个新的经济增长点和一系列新的消费趋势。一些经济学家称之为“女性经济”或“她经济”。这一现象为商家带来了巨大的商机。比如许多国际运动品牌开始注重对女性市场的研究和开发。阿迪达斯在中国市场推出了面向女性的广告，开设了 5 家专门服务女性的门店，并且计划在四年内将这种门店的数量增加到 20 家。在大中华地区，阿迪达斯在女性运动装上的市场份额已从 22% 上升到了 27%。

据英国研究机构“投资参考”对中国运动品牌消费情况的调查，中国女性在运动领域的参与度不断提高。明确表示不参加体育运动的女性比例仅为 10.4%，与去年的数据相比下降了 4.3%。另外，有 26% 的女性表示参加体育运动的目的是减肥，这一数字几乎是男性的两倍。

然而，在运动积极性方面，女性远不如男性。只有 65.2% 的女性表示一个月至少会参加一次体育运动，而男性在这一方面的比例为 72.8%。在女性当中，最受欢迎的运动项目是羽毛球，约有 39% 的受访者表示会参加羽毛球运动。

尽管女性参与运动的热情不如男性，但她们对于运动装和其他装备的投入超过男性。在过去的 12 个月里，平均每位女性在这方面的花费为 1141 元，而同期男性的支出为 1081 元。在购买运动装时，女性认为最重要的因素是价格（50.2% 的受访女性提到价格），同时她们也没有忽视吸引力（29.8%）和时尚（21.1%），比例相当于男性的两倍。相比较而言，男性更关注产品是否耐用。另外，名人代言对于女性购买运动装的影响不大（3.1%）。

品牌方面，在女性消费者当中，阿迪达斯的人气超过耐克。调查发现，通常会选择阿迪达斯的女性消费者所占比例从 18.4% 上升到了 22.2%，而经常购买耐克的女性消费者比例从 21.0% 下降到了 20.3%。这两个外国品牌在中国运动装市场上仍然占据主要地位。尽管国内品牌现在还是继续关注大众市场，但可以预料到的是，像李宁和安踏这样的领军者会把越来越多的注意力转移到女性消费者身上。

（改写自《中国女性运动品牌消费调研》，懒熊体育编译自 FT Confidential Research）

词语表

10-2

1. 经济增长点 jīngjì zēngzhǎngdiǎn 能够带动经济整体发展的产业或行业。
   在这座城市，一批新型工业正在形成新的经济增长点。
2. 称之为 chēng zhī wéi 把它叫作。
   为了强调此次经济衰退的严重性，不少经济学家称之为“大衰退”。
3. 面向 miànxiàng 动 面对，朝向。
   这家电视台的员工多数为女性，节目也专门面向女性。
4. 开设 kāishè 动 开办，设立（店铺、工厂等）。
   小米开始布局海外，在俄罗斯和印度开设零售店。
5. 门店 méndiàn 名 单独经营的小型零售商店。
   这是宜家（IKEA）在中国开设的第 22 家门店。
6. 运动装 yùndòngzhuāng 专用于体育比赛或户外运动的服装。
   很多品牌都越来越看好女性运动装市场。
7. 参与度 cānyùdù （对某事）参加和投入的程度。
   这些措施的推出极大地提高了百姓对于环保的参与度。
8. 受访者 shòufǎngzhě 接受访问或调查的人。
   在 414 名受访者中，有 60% 的女性表示想购买这个品牌的鞋子。
9. 装备 zhuāngbèi 名 配备的器材、武器、技术力量等。
   跑步越来越受到市民的重视，跑鞋、衣服等运动装备的销量大幅上升。
10. 花费 huāfèi 名 用掉的钱。
    据统计，英国父母为 4 至 12 岁的孩子操办生日聚会的平均花费为 166 英镑。

11. 同期	tóngqī	名	同一个时期。 驾驶小汽车的女性人数10年间增加了11倍，而同期男性人数仅增长了7.4倍。
12. 耐用	nàiyòng	形	经得起长时间使用，不容易用坏。 这款节能灯很耐用，使用寿命可达3000～8000小时。
13. 预料	yùliào	动	事先推测。 我们在这部电影上映前就预料到，它将成为今年票房最好的影片。
14. 转移	zhuǎnyí	动	从一方移到另一方，改换位置。 这件事所引发的经济担忧转移了市场的注意力，客观上造成了对通胀关注度的下降。

专有名词

1. 大中华区	Dàzhōnghuá Qū	（Greater China）又称"大中华地区"，常用于经济或商业领域，指华人主要居住及活动的地区（中国内地[大陆]和港澳台地区），有时也包括新加坡、马来西亚等国家。
2. 投资参考	Tóuzī Cānkǎo	（FT Confidential Research）英国《金融时报》旗下提供高端研究服务的机构。
3. 安踏	Āntà	中国的一家大型体育用品企业。

3 练　习

一、根据词语和拼音，选择正确的汉字填空。

开（shè）	受（fǎng）者	（zhuāng）备	（zhuǎn）移
没　设	仿　访	装　状	转　传
（nài）用	（zēng）长点	预（liào）	
奈　耐	赠　增	料　科	

二、找出跟其他词语不属于同一类的词。

A. 消费行为　租用　花钱　购物　消费

B. 钱款流向　利润　盈利　支付　收入

C. 财务术语　开支　收入　盈利　支出

D. 语法词性　支付　支出　花费　开支

语言知识

花费	动词	用掉（钱、时间、精力）	花费多少钱、花费大量时间
	名词	用掉的钱	花费高达 50 万美元、最大的一笔花费
消费	动词	（为了满足需求）用钱购买	运动消费、汽车消费、一共消费 735 元
支付	动词	付出（钱）	支付学费、请支付 735 元、支付给员工
开支	动词	付出钱	这笔钱不能随意开支
	名词	付出的钱款，相对的是“收入”	劳务费开支、减少开支
支出	动词	（会计用语）意思同“开支”	一律不能支出、共支出 320 元
	名词		教育支出、两笔支出

三、选择恰当的词语，完成下面的句子。（注意与加点词语的搭配）

开设　门店　预料　面向　称之为　经济增长点
耐用　花费　装备　参与度　受访者

1. 这个品牌的珠宝首饰深受女性消费者青睐，而其________男性消费者的手表却遭遇销售困境。
2. 有的公司创办时间较短，估值却已超过 10 亿美元，投资界________“独角兽”。
3. 一个对 2013 名________进行的调查显示，73.9%的人喜欢玩儿手机游戏。
4. 为了让孩子开阔视野，不少家长愿意________上万元送孩子出国游学。
5. 随着登山、徒步等活动越来越受到人们的喜爱，户外运动________的销量不断上升。
6. 融资成功后，该咖啡品牌仅 2021 年一年就________了 220 家门店。
7. 随着网络的发展，互联网经济发展迅速，正在形成新的________。
8. 小米计划未来三年在全球范围内开设 2000 多家新________。
9. 摩拜单车 CEO 从一开始就________到共享单车将会大受欢迎，因为这个项目不仅具有创新价值，而且与人们的生活密切相关。
10. 这款旅行箱不仅外形美观，而且十分________，至少可以使用三十年。
11. 很多社交平台喜欢通过类似游戏的方式来提升用户的________。

四、用指定的词语描述图片或图表。

1. 开设、门店

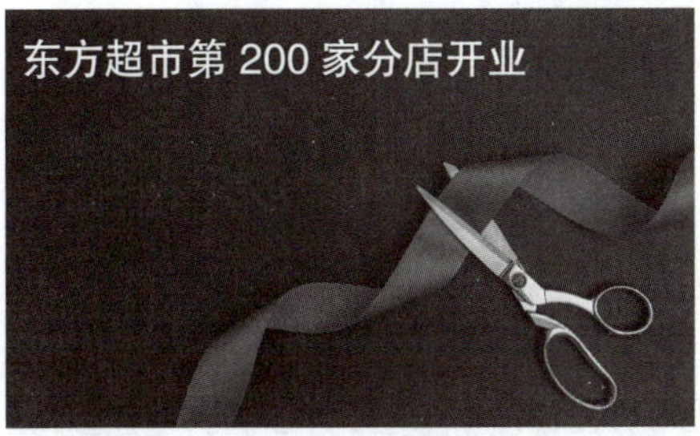

2. 装备、面向

3. 受访者、花费

不同城市市民上班路上平均花费的时间

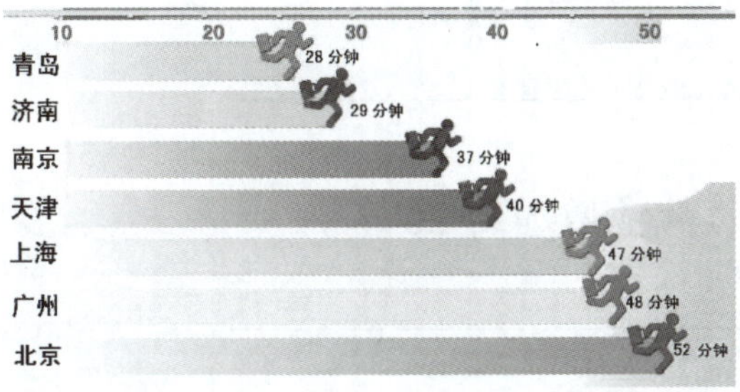

五、找出下列句子的主干。

1. 随着女性经济地位和社会地位的提高，围绕女性消费形成了一个新的经济增长点和一系列新的消费趋势。

主干：______

2. 阿迪达斯在中国市场推出了面向女性的广告，开设了 5 家专门服务女性的门店，并且计划在四年内将这种门店的数量增加到 20 家。

主干：______

3. 据英国研究机构“投资参考”对中国运动品牌消费情况的调查，中国女性在运动领域的参与度不断提高。

主干：______________________________

4. 明确表示不参加体育运动的女性比例仅为 10.4%，与去年的数据相比下降了 4.3%。

主干：______________________________

5. 通常会选择阿迪达斯的女性消费者所占比例从 18.4% 上升到了 22.2%。

主干：______________________________

六、将下面的句子改写为口语体。(加点的部分必须替换为口语词语)

1. 一些经济学家称之为“女性经济”或“她经济”。

____

2. 阿迪达斯计划在四年内将这种门店的数量增加到 20 家。

____

3. 明确表示不参加体育运动的女性比例仅为 10.4%。

____

4. 在运动积极性方面，女性远不如男性。

____

5. 平均每位女性在这方面的花费为 1141 元，而同期男性的支出为 1081 元。

____

七、根据课文判断正误。

1. 随着女性地位的提高，“她经济”成为了一个新的经济增长点。 (　　)
2. 阿迪达斯已经开设了 20 家专门服务女性的门店。 (　　)
3. 阿迪达斯在大中华地区女装市场的份额增加了 27%。 (　　)

4. 去年明确表示不参加体育运动的女性比例为 14.7%。 (　　)

5. 以减肥为目的参加体育运动的女性比例几乎是男性的两倍。 (　　)

6. 最受大众欢迎的运动项目是羽毛球。 (　　)

7. 男性的运动热情高于女性，在运动装备方面的投入也超过女性。 (　　)

8. 在购买运动装时，女性最关注价格，其次是时尚和名人代言。 (　　)

9. 和耐克相比，女性消费者更偏爱阿迪达斯。 (　　)

八、读后分析。

1.“投资参考”从哪些方面对中国人的运动消费进行了调查？

____

____

2. 以下调查结果分别发现了什么方面的规律？将对应的字母填入相应的方框中。

A. 总体特点　　B. 变化趋势　　C. 事物差异　　D. 事物关系

	中国女性在运动领域的参与度不断提高。明确表示不参加体育运动的女性比例仅为 10.4%，与去年的调查数据相比下降了 4.3%。
	在运动积极性方面，女性远不如男性。只有 65.2% 的女性表示一个月至少会参加一次体育运动，而男性在这一方面的比例为 72.8%。
	在女性当中，最受欢迎的运动项目是羽毛球，约有 39% 的受访者表示会参加羽毛球运动。
	女性对于运动装和其他装备的投入超过男性。在过去的 12 个月里，平均每位女性在这方面的花费为 1141 元，而同期男性的支出为 1081 元。

女性认为最重要的因素是价格（50.2%的受访女性提到价格），同时她们也没有忽视吸引力（29.8%）和时尚（21.1%）……另外，名人代言对于女性购买运动装的影响不大（3.1%）。

在女性消费者当中，阿迪达斯的人气超过耐克。调查发现，通常会选择阿迪达斯的女性消费者所占比例从18.4%上升到了22.2%，而经常购买耐克的女性消费者比例从21.0%下降到了20.3%。

3. 调查发现了什么？根据这一发现，运动品牌可能会怎么做？

____

____

4 能力训练

语言能力 报告调查结果

调查结束后，要根据问题设计框架，完成分析研究和总结报告。调查报告的重点是通过数据和信息分析出的普遍的、关键的特点。

内部构成、总体特点

• 说明事物的组成、分类，总结事物的整体特点（大比例情况）

（1）在购买运动装时，女性认为最重要的因素是价格（50.2% 的受访女性提到价格），同时她们也没有忽视吸引力（29.8%）和时尚（21.1%）。

（2）调查发现，受访者购买奢侈品最多的地方依次为：海外（44.7%）、中国内地（大陆）城市（32.7%）以及港澳台地区（22.6%）。可以看到，对于中国消费者而言，海外购买仍为主力。

变化趋势

• 分析数据、信息的变化规律，说明事物的发展趋势

（3）中国女性在运动领域的参与度不断提高。明确表示不参加体育运动的女性比例仅为 10.4%，与去年的调查数据相比下降了 4.3%。

（4）在“购买大多数奢侈品的主要原因”的调查中，选择“自用”的比例提升了 1 个百分点；选择“给亲友的礼物”的比例也提升了 0.6 个百分点。总的来看，奢侈品市场已经趋于理性，消费者购买行为也已日趋成熟。

事物差异

• 从若干角度比较数据和信息，说明事物的相同和不同之处

（5）在运动积极性方面，女性远不如男性。只有 65.2% 的女性表示一个月至

少会参加一次体育运动，而男性在这一方面的比例为 72.8%。

（6）从收入的角度看，在这些奢侈品消费者中，34% 为高收入人群，占比略高于大众人群；从消费能力看，45% 的奢侈品消费者属于高消费人群，占比远高于大众人群，他们的平均单次消费金额约 3150 元。

事物关系

- **研究一个（组）数据和信息对另一个（组）数据或信息的影响，说明事物之间的相关性（关系）**

（7）记者发现，有 54% 的学生是出于爱好而购买自行车，他们把骑车当成一种运动，喜爱自由骑行的感觉。也正因如此，85% 的学生购买的是高性能变速山地车和公路车。

练习

一、根据下列句子中的调查数据，总结调查结果，填入句中画线处。

1. 在女性消费者当中，________________________。调查发现，通常会选择阿迪达斯的女性消费者所占比例从 18.4% 上升到了 22.2%，而经常购买耐克的女性消费者比例从 21.0% 下降到了 20.3%。
2. ________________________。在过去的 12 个月里，平均每位女性在运动装和运动装备方面的花费为 1141 元，而同期男性的支出为 1081 元。
3. 20 世纪 80 年代中期以后出生的群体________________________。在购买家电产品或个人数码用品之前，42% 的人会上网查看他人的使用体验、评论或反馈，而他们的父辈中仅有 26% 的人会这么做。
4. 千名中国奢侈品网络消费者的抽样调查显示，在前 15 个消费动机中，基于“服务好”的消费动机高达 8 项，“商品好”的动机 4 项，“优惠利益”的动机 3 项。这说明________________________。
5. ________________________。记者在访谈中提问：“你一般从什么渠道了解某一件商品的详细信息？根据什么做出购买决定？”对此，73% 的女性参与者选择了“朋友、同事”，并且表示朋友、同事的好评和推荐是让自己决定购买的主要原因。

二、阅读短文，回答问题。

人们有许多非理性的消费行为，最不后悔的是在快乐或心情不好时发生的消费行为。这在年轻的女性消费者中是比较普遍的现象。

我们的调查显示：对于因一时的心情而产生的情绪化消费，58%的青年女性表示不后悔，还有30%的人认为无所谓。对于“发工资、钱袋鼓了”造成的突击消费，多数女孩子（55.7%）都说不后悔。对于打折驱动下的冲动消费，多数人（54%）也并不觉得太过遗憾。而感到后悔程度较高的是受广告影响（35.9%）和销售人员的推荐（31.3%）而产生的非必需的购买行为，不过也有38%的女孩子对此仍坚持说不后悔。

可见发生非理性消费后，多数青年女性对广告和销售人员的影响耿耿于怀，而对于因自己心境变化、一时冲动或利益驱动而做出的选择却并不介意。因此，抓住女性的消费心理，提供感性、富于激情而又实在的服务，将会使商家更加有效地吸引内心丰富敏感、消费充满激情的女性消费者。

1. 这篇调查报告中提及的非理性消费有哪些类型？

____

____

2. 青年女性消费者主要能接受哪些非理性消费行为？哪些数据能证明？

____

____

3. 青年女性不太接受哪些非理性消费行为？哪些数据能证明？

____

____

4. 青年女性的消费心理特点对于市场营销有什么启示？

____

____

情景任务 撰写调查报告

角色：你在某商务咨询公司工作，负责对餐饮市场进行调研。

情景：你计划对在本地的外国人进行关于中餐消费行为和心理的调查。

要求：

1. 利用你在上一课设计的问卷（第9课的“情景任务”），对10～20个在本地的外国人进行调查。

2. 统计、分析调查获得的数据，找出特点和规律。

3. 完成调查报告，内容包括：调查背景（目的、时间、地点、对象……）、调查结果、结论及建议。

5 扩展阅读

问题

1. 调查的目的是什么？调查地点在哪儿？调查对象是谁？
2. 调查对象有什么总体特点？
3. 根据文章完成表格。

动机	比例	行为和心理特点

“她”为什么买奢侈品？

市场研究机构益普索（Ipsos）曾对中国一线到三线城市的4000名20 ~ 44岁的女性进行过一次关于奢侈品消费的问卷调查。结果发现，中国女性消费奢侈品牌有五大动机。

以表现个人品味动机为主的群体规模最大。这是一个有较丰富的奢侈品牌知识，也喜欢奢侈品牌，但消费能力还比较弱的群体。数据显示，她们通常很年轻，学历不算高，多为普通职员，不常购买大牌奢侈品。

第二类群体（21%）以显示身份地位为主要动机。她们非常在意外表和形象，认为奢侈品是身份的象征，是“昂贵的”“稀有的”，但她们并不看重奢侈品“悠久的历史和文化”以及“独特的个性”。这个群体年龄相对成熟，收入和学历一般，实际购买奢侈品牌的比例并不高。

第三类群体的主要动机是确保生活品质。她们相信有了奢侈品牌的高品质，就无须为质量问题担忧。这些女性还可以进一步分为两个小群体：

（1）高品质群（9.3%）多为“三高”人士，收入高，学历高，职位高。她们喜欢奢侈品牌的“成熟”“专业”“可靠”。在所有被访者中，她们购买奢侈品牌的比例是最高的。

（2）舒适群（11.6%）不看重“奢侈品引领时尚潮流”的一面，但认同奢侈品牌是“稀有的”，比较关注其“悠久的历史和文化”。这些女性收入中等，多已婚，本科学历居多，多从事教师、公务员等稳定性较强的工作。整个群体的购买力居中。

第四类群体主要具有“有利于群体交往”的动机，也可以细分为两个小群体：

（1）爱情展示群（13.2%）主要为所爱的人购买奢侈品牌。她们相信奢侈品牌能给个人带来美好体验，愿给所爱的人最好的。她们经常冲动消费，喜欢购买新产品。整体的收入、学历、职位居中，购买力也处于中等水平。

（2）社交展示群（5.5%）购买奢侈品主要出于社交动机。她们也是“三高”人群，认为穿着打扮得体，才富有吸引力，喜欢紧跟国际潮流与时尚。这个群体购买奢侈品牌女包和手表的比例是最高的，购买其他奢侈品的比例仅次于高品质群。

还有一群女性（18%）以舒缓心理压力为主要动机。她们收入较高，不太在意外表和形象，不喜欢聚会，认为奢侈品是昂贵的，是一种非生活必需品。购买奢侈品对她们而言就是一种释放自我、消除压力的办法。

（改写自《五种动机——她们为什么买奢侈品？》，刘荣，《环球企业家》，2013 年 1 月）

团队任务

任务说明

对当地餐厅消费者进行问卷调查，研究他们的心理和行为特点。

任务要求

（1）调查目的：从“总体特点、变化趋势、对比差异、事物关系”中选择一个作为你们想了解的方面。调查的具体目的可以自定。

（2）调查对象：从餐厅消费者中选择一两个细分人群（如：男 / 女、中国人 / 外国人、“80 后” / “90 后”、中 / 西餐厅消费者……），20 ～ 30 人 / 群。

（3）问卷：根据调查目的，设计调查问卷。问题设计包括消费心理和行为两个方面，问题数量不低于 8 个，包括五种类型的提问方式。

（4）调查：以面对面访谈的形式，对这 20 ～ 30 人进行问卷调查。

（5）分析：统计、分析数据，发现消费行为和心理的规律、特点。

（6）报告：根据调查数据图表，报告调查结果、结论及建议。

任务步骤

分组
- 组成小组，确定组长、时间安排及分工等内容

制作问卷
- 确定调查目的、对象，细化问题框架
- 设计问卷，确定问题和回答方式

调查分析
- 利用问卷进行调查访谈
- 统计分析数据，寻找规律、特点

口头 / 书面报告
- 调查背景（目的、时间、地点、对象……）
- 调查结果
- 结论及建议

第六单元　企业传承

下图中的两个人在做什么？他们是什么关系？

企业传承是企业成长和发展的关键，尤其是对家族企业来说，传承模式的选择影响深远。

企业如何传承，传承能否成功，涉及很多关系复杂的因素。能够分析、描述这些关系，是商务人士应具备的重要能力。在本单元，我们将围绕这一能力展开学习与训练。

能力项目	说明商业事物之间的关系
商务词语	了解利息、分红、股息、红利 辨析近义词：职业—行业—产业
专业知识	了解企业传承的主要模式
背景知识	了解中国民企传承模式的影响因素

第 11 课　家族企业的传承

1 热　身

听力理解

某企业家正在考虑将企业和财富分配给他的孩子们，请听一听他的想法。11-1

1. 记录：听后写出朋友们向企业家建议的几种方案。
2. 思考：每种方案可能会导致企业和家庭出现什么问题。

方案一	→	可能的问题
方案二	→	可能的问题
方案三	→	可能的问题
方案四	→	可能的问题

2 课　文

访谈：为何“富不过三代”？ 11-2

为何“富不过三代”是全球家族企业的普遍现象？带着这个问题，我们采访了德勤的高级合伙人、家族财产法专家韦伯克先生。

：家族企业的冲突通常表现在哪些方面？

：通常有几种冲突。第一种是，虽然子女都拥有股权，但参与企业运营的子女想将获得的利润进行再投资，而没有进入企业的子女只想获得利润分红。第二种情况是，父亲将企业交给某个孩子，而将其他资产给其他孩子，但是随着企业的价值越来越大，子女就会有不公平感，冲突由此产生。还有一种情况，父亲想要所有子女都为企业工作，但对他们却没有清晰的分工和定位，这就可能导致冲突。第一代是创业者，第二代是兄弟姐妹，彼此之间的沟通交流还比较顺畅，冲突容易解决。而到了第三代，关系更加复杂，发生的冲突可能会更严重。正因如此，家族企业往往到第三代就消失了，只有 10% 的企业能够传承超过三代，主要原因就是前面提到的这几种冲突。

：是什么原因导致了这些冲突？

：其实企业中的这些冲突都源于长期积累的家庭矛盾。有的父亲不太尊重孩子的想法，如果孩子选择成为艺术家，父亲就认为他是个失败者，因为孩子承担不了家族企业的工作；也有父亲认为女儿无法胜任企业的工作，让女儿觉得非常不受尊重。“创一代”常常对企业投入了巨大的精力，却忽视了家庭关系。我们认为，不管是传承企业还是财富，都必须关注家庭。否则，就是将家族企业置于危险之中。如果希望家庭成员团结合作，就要在冲突发生前，在家庭成员之间建立起互相尊重的关系和良好的沟通方式。

：很多家族企业目前处于“创一代”向二代传承的过程中，您有什么建议？

：只有认真倾听子女的想法，才能指望他们成为负责任的人。只关注生意而不在意家庭是不负责的。如果想要将企业传承下去，必须拥有和谐的家庭关系与良好的代际关系，必须重视沟通。

：如何选择合适的继承人？

：现在家族企业对子女的要求很高，比如受过大学教育，有海外留学经历和工作经验，再经过能力评估，合格者才能加入。如果掌门人对待家族问题严肃认真，那么，处理企业问题时也会很专业，不会让不适合的子女在企业任职，甚至可能将管理权交给职业经理人。

（改写自《97%的家族企业传承失败的原因是家庭不和谐》，李艳洁，《家族企业》，2017年5月）

词语表

11-3

1. 富不过三代　fù bú guò sān dài　财富的传承不会超过第三代人。

2. 合伙人　héhuǒrén　共同投资经营企业或生意的人。

   他是公司的高级合伙人之一，拥有公司的股份。

3. 冲突　chōngtū　动　（观念、利益、性质不相容的）事物互相不协调、矛盾。

   电子商务平台与传统经销渠道之间存在严重冲突。

4. 利润分红　lìrùn fēnhóng　将一部分利润以红利的形式分配、发放。

   公司承诺，股东每年都会获得利润分红。

5. 分工　fēngōng　动　分别做不同而又互补的工作。

   这家企业的董事会、监事会和管理层有非常清晰的分工。

6. 创业者　chuàngyèzhě　（在商业领域）开创事业的人。

   随着第一代创业者渐渐步入退休年龄，许多家族企业开始寻找合适的接班人。

7. 传承　chuánchéng　动　（事业、技艺的）传递与继承。

   这个家族企业传承了11代。

8. 胜任	shèngrèn	动	能力足够担任（职位）或足以承担（工作）。
			在不久的将来，机器人可以胜任更多的人类工作。
9. 成员	chéngyuán	名	集体或家庭的组成人员。
			这个政策明确了在认定“家庭唯一住房”时，家庭成员的范围包括购房人、配偶以及未成年子女。
10. 团结	tuánjié	动	（为了集中力量实现理想或完成任务）联合。
			各行业应该团结合作，维护共同利益，谋求联动发展。
11. 倾听	qīngtīng	动	细心地听取（多用于上对下）。
			父母在倾听子女的谈话时，还应注意观察子女的非语言行为。
12. 指望	zhǐwàng	动	一心希望、期待。
			企业要想做长远，就不能指望一夜暴富。
13. 和谐	héxié	形	和睦协调。
			老板与员工在晚会上同台演出，展现了和谐的雇佣关系。
14. 代际	dàijì	形	两代人之间的。
			一个家族的代际关系、同代关系对家族财富有非常重大的影响。
15. 评估	pínggū	动	评议估计；评价。
			为了评估还款能力，银行会要求借款人提供收入证明。
16. 掌门人	zhǎngménrén	名	一个团体或部门的主要负责人。
			作为一个专业的掌门人，他深知自己是企业的最高管理者，肩负着战略决策的重任。
17. 任职	rènzhí	动	担任职务。
			她曾先后在证监会市场部、债券部任职。
18. 职业经理人	zhíyè jīnglǐrén		负责企业经营管理的职业化人才。
			公司面向全球公开招聘 2 名职业经理人担任总经理和副总经理。

专有名词

德勤	Déqín	（Deloitte & Touche）德勤会计师事务所。

3 练 习

一、根据词语和拼音，选择正确的汉字填空。

冲（　）tū 突　究	（　）谈 fǎng 仿　访	和（　）xié 谐　偕	代（　）jì 阶　际
（　）望 zhǐ 脂　指	传（　）chéng 承　乘	（　）任 shèng 胜　盛	利（　）rùn 润　洞

二、选词填空。

利息　　分红　　股息　　红利

1. 将一万元在银行存一年，如果利率是2%，那么一年的________是200元。

2. 庞大的人口能带来巨大的市场、低廉的劳动力等诸多________，对经济发展起到非常重要的作用。

3. 东风集团今年上半年每股收益盈利81.67元，每股________0.1元人民币。

4. 我们公司今年赚了1200万，应该先将100万的________分配给优先股股东，然后将剩余的1100万分配给普通股东。

5. 向银行贷款买房，不仅需要偿还本金，还需要偿还________。

6. 发放股息之后，公司将于9月15日向全体A股股东派发________。

语言知识

利息 分红 股息 红利

利息：因存款、放款而得到的本金以外的钱。

分红：做动词时，意思是“上市公司将部分利润分配给股东和有贡献的员工”；做名词时，就是指用来分配的这部分利润。

股息：上市公司把一部分利润按照一个固定比率分配给股东（通常是优先股股东），这种收益叫“股息”。

红利：股息分配完后，再把剩余利润的一部分分配给普通股股东，这种收益是“红利”。红利通常是不固定的，可随着公司经营情况而上下浮动。

三、选择恰当的词语，完成下面的句子。（注意与加点词语的搭配）

冲突	定位	代际	任职	评估	合伙人
访谈	传承	胜任	指望	分工	利润分红

1. 李锦记集团成立于 1888 年，现在这个家族企业已经________了四代。
2. “你有什么能力可以________这份工作？”这是面试时经常会遇到的问题。
3. 他在这家公司________十年，不久前，他向公司提交了辞职报告。
4. 中国平安保险今年上半年净利润 434.27 亿元，股东大约可以获得每股 0.5 元的________。
5. 两代人思想和观念不同，冲突是必然的，对话和交流是维持良好________关系的基础。
6. 保健品其实是保健食品的简称，所以我们不能________它来治疗疾病。
7. 他从事财务管理工作十五年，是这家投资公司的高级________。
8. 对于公司下一步的发展计划，各位董事的意见很不统一，想法存在________。
9. 这是他成为上市公司 CEO 后第一次接受媒体的________。

10. 如果一个网站不能用一句话来概括自己是做什么的，就说明它没有清晰的________。

11. 改革之后，公司各部门的责任和________更加明确，工作效率进一步提升。

12. 本问卷主要用于________客服中心所有员工的工作能力和业绩。

四、用指定的词语描述图片或图表。

1. 指望、传承、创业者、掌门人

2. 代际、冲突、倾听、和谐

3. 职业经理人、任职

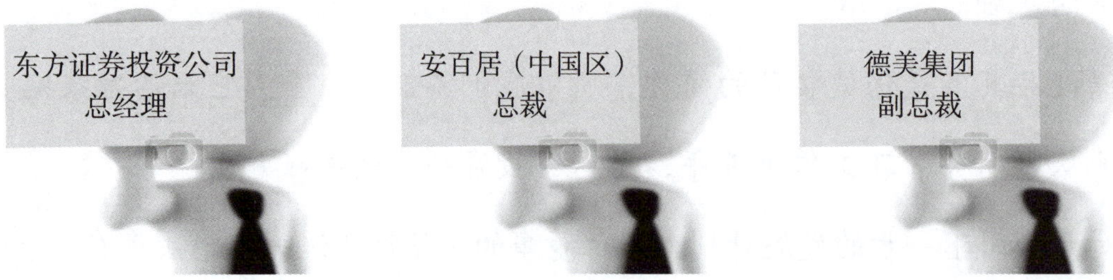

七年前　　五年前　　现在

4. 合伙人、团结、分工、定位

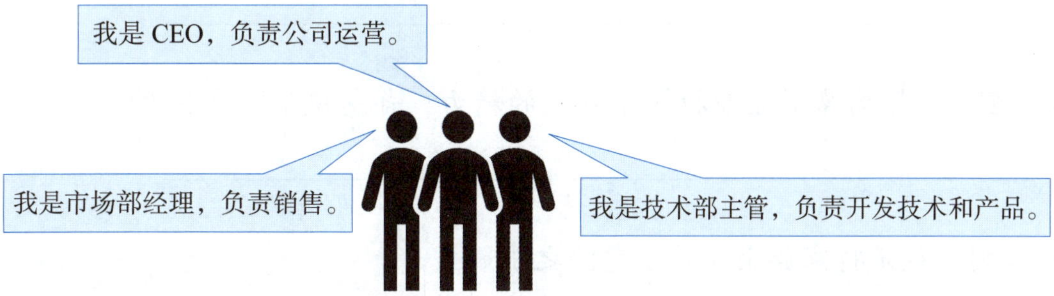

五、找出下列句子的主干。

1. 我们采访了德勤的高级合伙人、家族财产法专家韦伯克先生。

主干：____

2. 参与企业运营的子女想将获得的利润进行再投资，而没有进入企业的子女只想获得利润分红。

主干：____

3. 很多家族企业目前处于“创一代”向二代传承的过程中。

主干：____

4. 如果掌门人对待家族问题严肃认真，那么，处理企业问题时也会很专业，不会让不适合的子女在企业任职，甚至可能将管理权交给职业经理人。

主干：____

六、将下面的句子改写为口语体。（加点的部分必须替换为口语词语）

1. 为何“富不过三代”是全球家族企业的普遍现象？

____

2. 参与企业运营的子女想将获得的利润进行再投资。

____

3. 随着企业的价值越来越大，子女就会有不公平感，冲突由此产生。

____

4. 正因如此，家族企业往往到第三代就消失了。

____

5. “创一代”常常对企业投入了巨大的精力，却忽视了家庭关系。

____

6. 否则，就是将家族企业置于危险之中。

____

七、根据课文回答下面的问题。

1. 记者采访的对象是谁？他的身份是什么？

____

____

2. 这次访谈的主题是什么？

____

____

3. 家族企业的冲突通常有哪三种情况？

____

____

4. 导致这些冲突的主要原因有哪些？

____

____

5. 如何使企业成功地传承下去？

____

____

6. 合格的继承人应该具备哪些条件？

____

____

八、读后分析。

1. 根据课文，分析下面几组信息中，哪个是原因，哪个是结果。

A. 很多家族企业消失——无法协调子女间的冲突

B. 子女有不公平感——冲突产生

C. 父亲想要所有子女都为企业工作，但对他们却没有清晰的定位——冲突

D. 家族企业传承时常会遇到各种冲突——家族企业到第三代就消失了

E. 只有10%的企业能够传承超过三代——家族企业中常见的三种冲突

F. 父母认为他是个失败者——他承担不了家族企业的工作

2. 找出下列句子中表示因果关系的词语。

A. 很多家族企业就是因为无法协调子女间的冲突而消失的。

B. 子女有不公平感，冲突由此产生。

C. 父亲想要所有子女都为企业工作，但对他们却没有清晰的定位，这就可能导致冲突。

D. 正因如此，家族企业往往到第三代就消失了。

E. 只有10%的企业能够传承超过三代，主要原因就是前面提到的这几种冲突。

F. 这个孩子是个失败者，因为他承担不了家族企业的工作。

4 能力训练

语言能力 说明因果关系

如果一种商业现象或行为引起另一种现象或行为，那么它们之间就存在因果关系。比如，政府“降低银行利率，从而避免了经济萧条”，说明“降低利率”与“避免萧条”存在因果关系；企业“因严重的债务危机而破产”，其中“债务危机”是因，“破产”是果；员工“在持股计划的激励下更加努力地工作，从而获得了丰厚的利润分红”，说明“持股计划”使“努力工作”与“获得丰厚的利润分红”形成了因果关系。在经济研究、政府经济决策、商业活动中，分析因果关系是十分常见且有用的思维能力和语言能力。

从时间上说，原因在先，结果在后，即“前因后果”。但在说明因果关系时，一般把表达的重点放在后面。通常还要用一些说明因果关系的词语把两个部分连接起来。

表达重点：说明结果

- 先说商业现象或行为，后说引起什么结果

（1）很多家族企业就是因为无法协调子女间的冲突而消失的。

原因：无法协调子女间的冲突　结果：消失

（2）父亲想要所有子女都为企业工作，但是对他们却没有清晰的定位，这就会导致冲突。

原因：没有清晰的定位　结果：冲突

表达重点：分析原因

- 先说结果，后分析原因

（3）这个孩子是个失败者，因为他承担不了家族企业的工作。

结果：这个孩子是个失败者　原因：他承担不了家族企业的工作

（4）尽管苹果公司的手机并不完美，但丝毫不影响它在全球市场的地位（结果）。其中一个原因很重要，那就是它在营销上是从用户的体验出发，用讲故事的方法介绍产品（原因）。

练习

一、阅读短文，完成下面的练习。

在《中国富二代调查报告》所提到的受访者中，有 46.4% 的人选择了创业。"富二代"为什么不沿着上一代的路继续前行？究其原因，一是他们急于证明自我的价值与能力，希望扮演突破性的角色，将家族企业扩展到新领域。

另一个重要原因，就是创业者中出现了越来越多的年轻面孔。丁磊、张朝阳、李彦宏、马化腾……初创业时的他们年轻又有学识，很多有留学经历，在短短的 10 年甚至 5 年内完成了财富的迅速积累。更重要的是，尽管他们积累财富的速度已经超越了改革开放初期的暴发户，但从来没有人认为他们是暴发户，因为他们大多"玩儿"的是高科技等新兴产业。这些创业者成为了富二代的新榜样。

1. 文章的写作顺序是：□原因→结果　　　　□结果→原因
2. 本文呈现的结果是：________________
3. 本文说明的原因是：________________

____
4. 本文用来说明因果关系的词语是：________________

二、找出下列句子中的原因和结果 / 结论，并将说明因果关系的词语圈出来。

1. 子女有不公平感，冲突由此产生。
2. 由于当时物资非常紧缺，整个市场是卖方市场。
3. 足球是最时尚的，因为这项运动有太多的人关注和参与。

4. 正因如此，家族企业往往到第三代就消失了。
5. 这些没有明显个性特征的目标群体在红海竞争中是没有细分价值的。汇源因此逐渐失去了领军地位。
6. 利丰集团能够延续百年，最关键的原因是在家族传至第三代时，成功实现了家族股权结构的重组。
7. 造成家族企业后继无人的原因有几种：一是公司创立者不愿意退休，曾有一个企业家直到儿子 68 岁才给他签署支票的权力，原因是企业家自己已经 92 岁，手太抖没法写字；另一种是企业家突发疾病身亡，留下不知所措的子女。此外，缺乏时间也是限制企业家制订继任计划的一大原因。

情景任务　观点分享

角色： 你是某家族管理咨询公司的顾问。

情景： 某企业家正在思考企业与财富的分配问题。目前有如下四种方案。你准备为这位客户进行分析，并建议选用其中一种较为可行的方案。

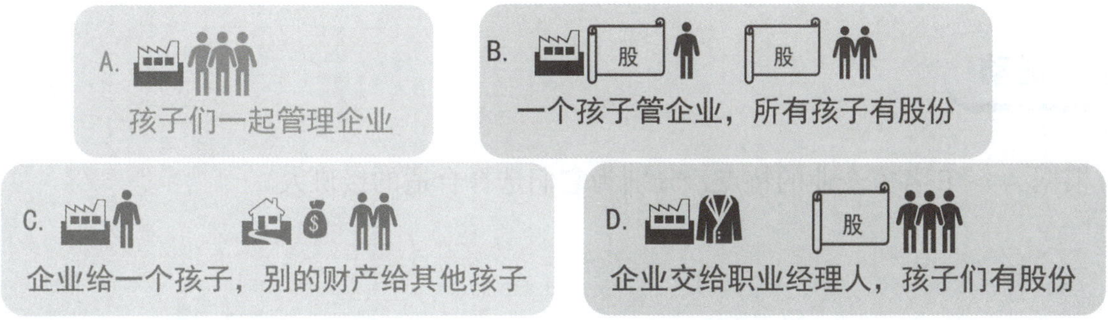

要求：

1. 明确提出你建议采用的方案。

□ A　　□ B　　□ C　　□ D

2. 写一篇发言稿，从企业和家庭两个方面，分析每个方案可能带来的结果。

3. 对比四种方案的结果，以此说明你选择的方案是可行的。

方案	可能的结果	
	企业	家庭
A		
B		
C		
D		

4. 字数：300 ～ 500 字。

第 12 课　民企接班人

1 热　身

双人活动

根据 A ～ E 各家企业的特点，分别为它们选择合适的接班人。

A 企业	B 企业	C 企业	D 企业	E 企业
•规模不大	•家族成员控股比例高	•历史悠久	•业务集中于一个产业	•创始人的受教育程度高

2 课　文

企业的特点对传承模式的影响 12-1

由于生命的自然规律，中国改革开放以后的第一代民营企业家逐渐显出老态，企业的发展需要新一代接班人。由于权力和财富向下一代转移的过程充满了诸多挑战，接班问题成为中国民营企业关注的热点。

理论上说，民营企业传承模式的选择与企业自身的特点存在一定的相关性，尤其是以下因素具有显著的影响。

（1）企业的规模

一般而言，企业的规模会影响企业接班模式的选择。如果企业规模不大，家族的能力和经验完全可以胜任，在传承企业时，创始人在权衡信任和能力时，就会更看重信任。而规模较大的企业管理难度比较大，家族成员以及企业内部人员的能力可能会有所欠缺，出于对企业长远发展的考虑，创始人会对接班人的能力考虑得多一点。

（2）家族的控股比例

按照弗里曼的理论，如果家族成员在企业里控股的比例较高，企业创始人会觉得他们是主要的利益相关者，自己应该首先对家族成员负责，在选择接班人的时候，考虑家族成员的可能性会大一些。因此理论上认为，民营企业中家族控股的比例越高，企业选择家族成员管理的可能性越大。反之，选择非家族成员管理的可能性越大。

（3）企业的产业特点

企业的产业特点和性质会影响民营企业对接班模式的选择。有些学者认为，如果企业的业务集中于某个产业，用家族式管理完全可以。相反，如果企业的产业比较多元化、专业化，家族的力量显然不够，就应该请外人。而从企业的产业性质看，科技含量的高低也会导致家族企业做出不同的选择。如果是高科技企业，用现代企业制度能更好地调动员工的积极性。

（4）企业成立的时间

有学者在研究家族企业接班问题时发现，企业成立时间越长或者历史越悠久，选择外部人员接班的可能性越大。反之则选择内部人员接班的可能性大。

（5）创始人的文化程度

创始人的价值观对企业传承的影响非常明显，而创始人的价值观又受到其文化教育程度的影响。有研究发现，创始人文化程度越高，越不排斥外部职业经理人，而文化程度越低的创业者对职业经理人越不信任。

（改写自《97% 的家族企业传承失败的原因是家庭不和谐》，
李艳洁，《家族企业》，2017 年 5 月）

词语表

12-2

1. 老态　lǎotài　名　身体衰老的样子。
这座桥已有一百多年的历史，从外观上看已显出“老态”。

2. 接班人　jiēbānrén　名　（比喻）接替前辈继续发展事业的人。
集团的新一代接班人已担起重任，开始在企业发展中扮演重要角色。

3. 热点　rèdiǎn　名　一个时期内引人注目的地方或问题。
3D 打印与人工智能正在成为全球智能制造领域关注的热点。

4. 相关性　xiāngguānxìng　事物彼此关联的程度。
研究发现，最近油价与股市行情存在高相关性。

5. 显著　xiǎnzhù　形　非常明显。
近期的政策变化对股市产生了显著的影响。

6. 权衡　quánhéng　动　考虑衡量（几个方面）。
到海外融资应该仔细权衡利弊得失。

7. 欠缺　qiànquē　动　缺乏，不够。
人力资源总监发现，有的新员工过于强调个体价值，而人际沟通能力却有所欠缺。

8. 控股 kònggǔ 动 通过持有某公司一定数量的股份，而对该公司进行控制。

据媒体报道，政府有意降低对国有企业的控股比例。

9. 反之 fǎnzhī 连 与此相反，反过来说。

当这个指数上升时，市场就是牛市，反之则是熊市。

10. 产业 chǎnyè 名 构成国民经济的行业和部门。

中国家电产业的特点非常鲜明——市场需求大，制造规模大，参与企业多。

11. 外人 wàirén 名 没有亲友关系的人；某个范围或组织以外的人。

海南皇冠假日酒店聘请了全球知名的酒店管理公司负责运营管理，董事长解释说："请外人管理，是为了保证赢利能力。"

12. 含量 hánliàng 名 含有某种成分的数量。

智能手表科技含量高，颠覆了人们对手表的传统理解和认知。

13. 调动 diàodòng 动 调集动员。

公司实施股权激励以调动员工的积极性。

14. 文化程度 wénhuà chéngdù 群体或个人的教育程度。

这一代企业家的文化程度明显提高，大学本科及以上学历企业家的比例从十年前的33.9%，上升到现在的45.2%。

15. 价值观 jiàzhíguān 名 对经济、政治、道德、金钱等所持有的总体看法。

创始人的价值观影响着企业的价值观。

16. 排斥 páichì 动 使别的人或事物离开自己这方面。

我们公司的品牌虽然已是世界知名品牌，但我们也并不排斥与其他品牌合作。

专有名词

弗里曼 Fúlǐmàn 爱德华·弗里曼 (R. Edward Freeman)，1984年提出"利益相关者理论"，认为企业的经营管理要综合平衡与企业具有利害关系的群体或个人的利益要求。

3 练 习

一、根据词语和拼音，选择正确的汉字填空。

héng
权（　　）
衡　横

guī
（　　）模
观　规

kòng
（　　）股
挖　控

zhù
显（　　）
著　箸

diào
（　　）动
调　掉

chì
排（　　）
斤　斥

chéng
（　　）度
程　租

二、找出每组词语中不属于同一类的词。

职业：教师　厨师　工业　工人

产业：农业　零售业　服务业　工业

行业：餐饮业　制造业　建筑业　工程师

语言知识

职业　行业　产业

职业是根据劳动技能对组织内工作人员的具体工种的分类，是劳动个体的社会分工。比如木匠、律师、医生。

行业是根据生产方式和产品种类对企业或组织进行的分类，是企业、组织的社会分工。比如，家具厂属于加工制造业，律师事务所、医院属于服务业。

产业是根据生产力布局的特点对行业的宏观划分，是整个生产力的社会分工。中国政府对产业的划分是：第一产业为农业、林业、渔业，第二产业为工业，除此以外的均为第三产业。比如，加工制造业是第二产业，服务业属于第三产业。

三、选择恰当的词语，完成下面的句子。（注意与加点词语的搭配）

接班人	控股	反之	产业	价值观	排斥
相关性	热点	调动	文化程度	权衡	

1. 铁矿石价格下跌与澳元走弱之间存在明显的________。
2. 是否送孩子出国留学，家长需要仔细________利弊。
3. 中原资产凭借 1.55% 的________比例，成为顺丰集团的第七大股东。
4. 建立清晰的奖励和惩罚制度是________员工积极性的有效方法。
5. 自由市场并不________政府的适当干预。
6. 不少民营企业的新一代________不喜欢被称为“富二代”，他们更愿意称自己为“创二代”，他们希望努力实现企业的转型和二次创业。
7. “客户为先、诚信、团队、激情、创新”，这是京东创始人的________，它对企业的发展有着重要的影响。
8. 与改革开放以来的第一代企业家相比，第二代企业家的________普遍较高，具备更强的学习能力和更开阔的视野。
9. 2016 年，中国出口到阿拉伯国家的汽车数量达到 10 万余辆，汽车________成为中国与阿拉伯国家贸易合作的重要领域。
10. 这个夏天，世界杯无疑会成为人们新的消费________。
11. 在国际股市的 K 线图中，当收盘价高于开盘价时，K 线是绿色的，________则是红色的。

四、用指定的词语描述图片或图表。

1. 接班人、排斥

2. 权衡、反之

3. 价值观

4. 调动

五、找出下列句子的主干。

1. 中国改革开放以后的第一代民营企业家逐渐显出老态。

   主干：________________

2. 权力和财富向下一代转移的过程充满了诸多挑战。

   主干：________________

3. 民营企业传承模式的选择与企业自身的特点存在一定的相关性。

   主干：________________

4. 民营企业中家族控股的比例越高，企业选择家族成员管理的可能性越大。

   主干：________________

5. 文化程度越低的创业者对职业经理人越不信任。

主干：＿＿＿＿＿＿＿＿＿＿＿＿＿＿＿＿＿＿＿＿＿＿＿＿＿＿

六、将下面的句子改写为口语体。（加点的部分必须替换为口语词语）

1. 中国改革开放以后的第一代民营企业家逐渐显出老态。

＿＿＿＿＿＿＿＿＿＿＿＿＿＿＿＿＿＿＿＿＿＿＿＿＿＿

2. 权力和财富向下一代转移的过程充满了诸多挑战。

＿＿＿＿＿＿＿＿＿＿＿＿＿＿＿＿＿＿＿＿＿＿＿＿＿＿

3. 民营企业传承模式的选择与企业自身的特点存在一定的相关性。

＿＿＿＿＿＿＿＿＿＿＿＿＿＿＿＿＿＿＿＿＿＿＿＿＿＿

4. 尤其是以下因素具有显著的影响。

＿＿＿＿＿＿＿＿＿＿＿＿＿＿＿＿＿＿＿＿＿＿＿＿＿＿

5. 家族成员以及企业内部人员的能力可能会有所欠缺。

＿＿＿＿＿＿＿＿＿＿＿＿＿＿＿＿＿＿＿＿＿＿＿＿＿＿

6. 出于对企业长远发展的考虑，创始人会对接班人的能力考虑得多一点。

＿＿＿＿＿＿＿＿＿＿＿＿＿＿＿＿＿＿＿＿＿＿＿＿＿＿

7. 企业创始人会觉得他们是主要的利益相关者。

＿＿＿＿＿＿＿＿＿＿＿＿＿＿＿＿＿＿＿＿＿＿＿＿＿＿

8. 民营企业中家族控股的比例越高，企业选择家族成员管理的可能性越大。反之，选择非家族成员管理的可能性越大。

＿＿＿＿＿＿＿＿＿＿＿＿＿＿＿＿＿＿＿＿＿＿＿＿＿＿

七、根据课文判断正误。

1. 民营企业的传承模式与企业自身的状况有关系。（　　）
2. 如果企业比较小，那么创始人更倾向于选择家庭成员作为接班人。（　　）
3. 大企业的管理难度会比较大，所以创始人会更看重信任。（　　）

4. 家族控股的比例越低，企业选择非家族成员管理的可能性越大。（ ）
5. 如果企业的产业比较多元化，那么更适合家族式管理。（ ）
6. 科技含量低的企业更适合采用现代企业制度。（ ）
7. 企业的历史越长，选择家庭成员作为接班人的可能性越大。（ ）
8. 企业的传承模式会明显受到创始人价值观的影响。（ ）
9. 文化程度高的创始人比较容易接受职业经理人。（ ）

八、读后分析。

根据下列句子，总结企业特点与接班模式的关系。

A. 如果企业规模小，创始人就会更看重信任。而在规模较大的企业，创始人就会对能力考虑得多一点。

B. 民营企业中家族控股的比例越高，企业选择家族成员管理的可能性越大；反之，选择非家族成员管理的可能性越大。

C. 企业的业务集中于某个产业，用家族式管理完全可以；相反，如果企业的产业比较多元化、专业化，家族的力量显然不够，就应该请外人。

D. 科技含量的高低也会导致家族企业做出不同的选择。如果是高科技企业，用现代企业制度能更好地调动员工的积极性。

E. 企业成立时间越长或者历史越悠久，选择外部人员接班的可能性越大；反之则选择内部人员接班的可能性大。

F. 创始人文化程度越高，越不排斥外部职业经理人；文化程度越低的创业者对职业经理人越不信任。

选择家族成员的可能性**大**

企业特点 （哪些方面程度↑）   （哪些方面程度↓）

选择非家族成员的可能性**大**

企业特点 （哪些方面程度↑）   （哪些方面程度↓）

4 能力训练

语言能力　说明正比、反比关系

两种相互关联的商业事物，如果其中一方的数量或程度的提高引起另一方的提高，那么它们之间就存在正比关系，比如价格和需求（图1）。如果一方数量或程度的提高引起另一方的降低，那么它们之间就是反比关系，如价格和供应量（图2）。

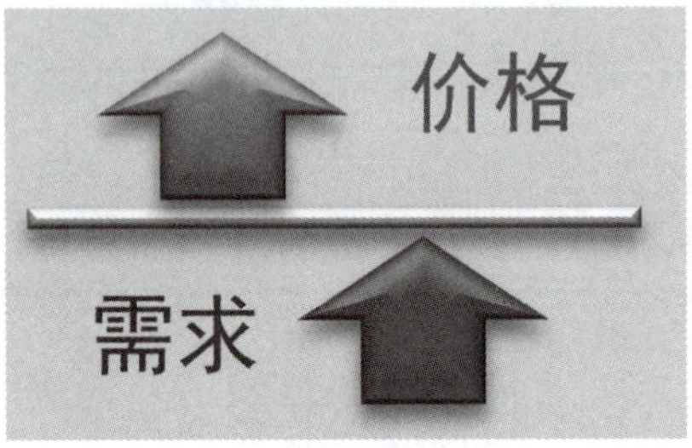

图1

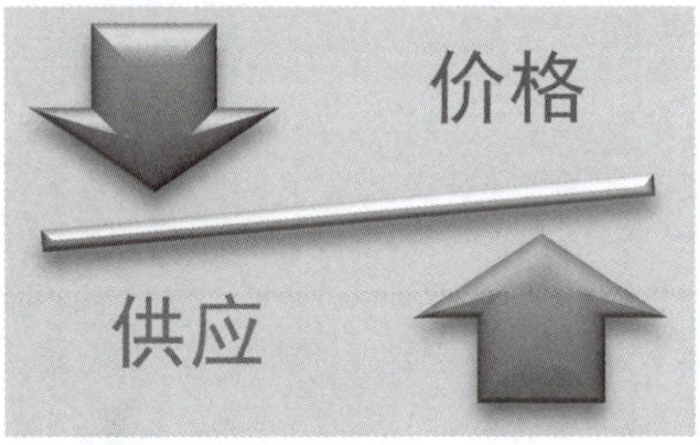

图2

经济研究、政府经济决策、商业活动常常需要研究并说明正比、反比关系。常用的表达方式有：

直接说明关系

- A 和 B 成正比 / 反比

（1）价格和需求量成正比，与供应量成反比。

描述量级的对比

- A 大，B（就）大 / 小
- A 大，（则）B 大 / 小

（2）需求量大，价格高；供应量大，则价格低。

描述量变的对应

- A 越大，B 越大 / 小
- A 变大，B 随之变大 / 小
- B 随 A 的变大而变大 / 小

（3）需求量越大，价格越高；供应量越大，则价格越低。

（4）需求量增加，价格随之上涨；供应量增加，价格随之下跌。

（5）价格随需求的增加而上涨，随供应的增加而下跌。

练习

一、阅读下面几段话，分别分析经济、黄金有哪些相关因素，它们跟这些因素有什么样的关系。

华尔街有句俗语“穷人炒股，富人持债”，这句话说明股市风险大，债市相对稳定。股市和经济成正比，债市和经济成反比。也就是说，经济兴旺的时候，股市一般上涨；而经济衰退的时候，债市就繁荣了。

非农就业指数是衡量美国就业市场的重要经济指标之一。非农数据走强，就说明美国经济繁荣景气，那么美元就会上涨；而黄金白银通常和美元成反比，这样我们就可以根据非农数据判断黄金白银的价格走势。

零售销售指数提升，代表个人消费支出的增加，说明经济情况好转，利率可能调高，对美元有利，利空黄金；反之，如果零售额下滑，则代表经济发展趋缓甚至不佳，利率可能下调，利空美元，而利多黄金。

在贵金属市场上，黄金白银的价格波动受两大因素影响：一方面是美元指数的涨跌与金银价成反比；另一方面则是石油的涨跌，它的行情与金银价“共同进退”。

★利多：（股市等投资用语）对……的市场行情有利，促使……价格上涨。

利空：对……的市场行情不利，促使……价格下跌。

经济的相关因素

正比关系

反比关系

黄金的相关因素

正比关系

反比关系

二、说明下面几组事物之间的正比／反比关系。（每组至少用两种句式）

1. 订货量——货款总额
2. 价格——销量
3. 公司业绩——股票价格
4. 投资收益——风险

情景任务　分析经济现象

角色：你是一名经济学家。

情景：有人提出，扑克、口红、自行车、男士领带、女士裙边……都可以成为判断经济形势的指标。比如：

扑克销量指数

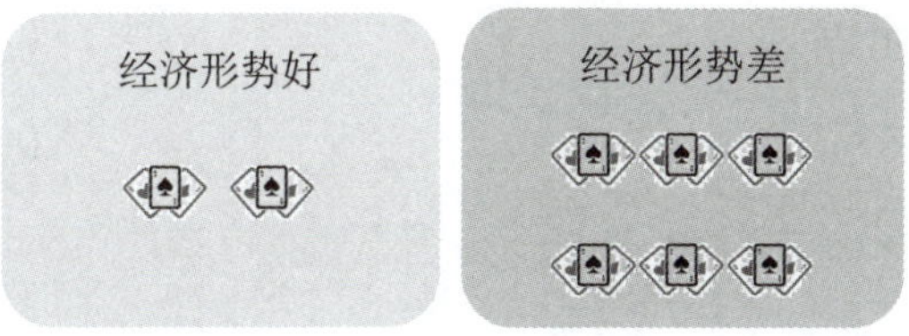

领带销量指数

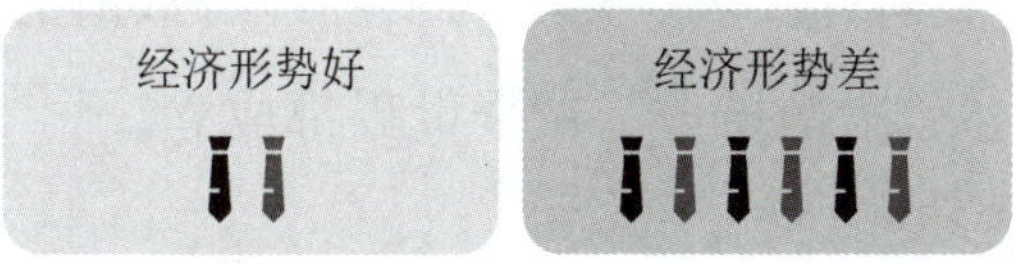

内裤销量指数

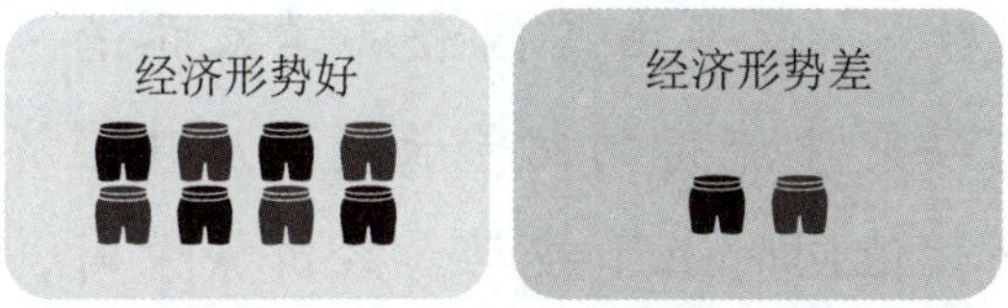

口红销售指数

头发长度指数

要求：

1. 分析图片分别说明了经济和什么事物有关系。
2. 思考它们之间是正比还是反比关系。
3. 说一段话，用恰当的句式描述图中的关系。
4. 说说你认为哪些说法比较有道理。为什么？

5 扩展阅读

阅读短文，判断正误。

1.“裙摆指数”理论认为裙子长度和经济形势成正比。（ ）

2. 现实情况能证明经济形势和裙子长度之间存在因果关系。（ ）

3. 荷兰经济学家进一步研究了裙摆指数。（ ）

4. 研究发现，裙子长度随经济数值的增长而缩短。（ ）

5.“裙摆指数”在全世界都成立。（ ）

裙子越短，经济越好？

在经济学领域，有个理论叫“裙摆指数”。最早由美国经济学家乔治·泰勒（George Taylor）于1926年提出，他认为每年夏季流行的裙子长度是反映经济发展的一项指标，裙长会和股票指数或者GDP数值同时上下波动。经济繁荣时，女性裙子的长度就会缩短；而在经济萧条时，女性则会穿起长裙。

在其后的几十年里，凭感觉看，这个理论很多时候是成立的，比如1929年美国经济大萧条，当时最流行色彩灰暗的长裙；20世纪70年代末全球经济发展高峰期时，超短裙引领了全球的时尚潮流。

经济研究只限于感觉肯定不够。荷兰的两位经济学家就用数据检验了“裙摆指数”。他们首先找来拥有百年历史的时尚杂志《L'OFFICIEL》，把杂志每月介绍的最时尚的裙子款式作为世界最流行的裙子长度的风向标，并且把裙子长度分成5个级别：迷你裙（1分）、膝盖以上（2分）、膝盖以下脚踝以上（3分）、脚踝附近（4分）、拖地长裙（5分）。然后计算出从1921年到2009年最流行的裙子的平均长度（见图1）。总的来看，随着历史的发展裙子长度越来越短。但在此过程中，裙长一直在上下波动。

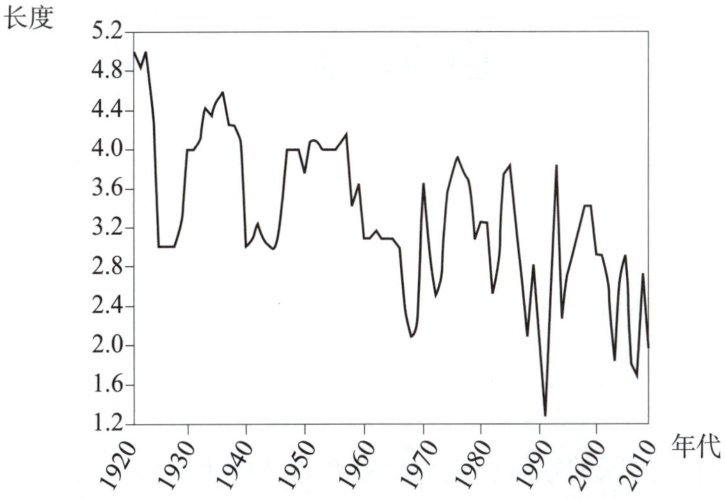

图 1　1921—2009 年最流行的裙子长度的变化趋势

知道了裙子长度的大致情况后，经济学家们还研究了“美国每年的所有月份里有百分之多少的月份处于衰退期”，以此来衡量经济发展的好坏，1 代表经济最差，0 代表经济最好。（见图 2）

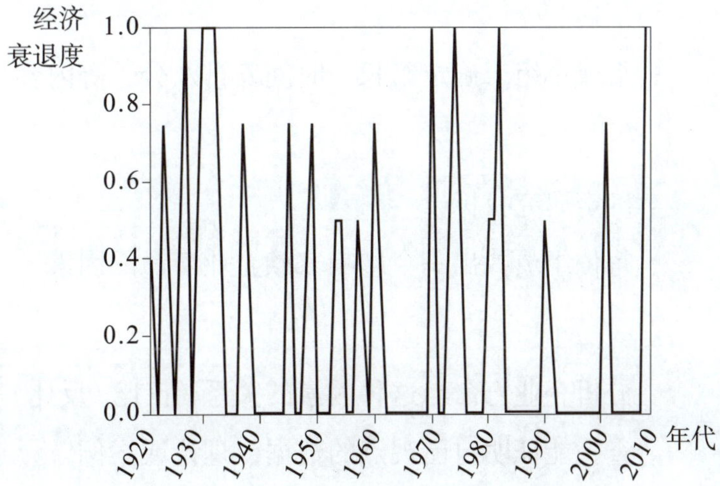

图 2　1921—2009 年美国经济的上下波动

如果单单看这两幅图的曲线，似乎不太容易一眼看出联系。两位经济学家通过不断调整参数，最终发现裙子的长度和经济形势之间可能确实是有联系的，经济形势好时裙子短，经济差时裙子长，当然这并不意味着二者有必然的因果关系，而是说它们有明显的相关性。并且，经济发展情况是与 3 年后的裙子长短有关。

虽然这个研究结果证明了“裙摆指数”，但也只是基于两位经济学家的数据，如果选用其他数据，结果或许会有差别。比如有人就发现，韩国的情况就和西方国家正好相反。

（改写自《从 ChinaJoy 到经济学：人人都爱小短裙》，Albert_JIAO, 2012.7.27，果壳网）

团队任务

任务说明

研究家族企业长寿的奥秘。

任务要求

（1）企业：以你们国家的家族企业为研究对象（行业不限）。

（2）原因：找出若干个影响家族企业寿命的因素。

（3）关系：分析这些因素与企业寿命长短的关系（正比 / 反比）。

（4）报告：将大家的观点合成研究报告。

任务步骤

分组：组成小组，确定组长、时间安排及分工等内容

查找原因：
- 确定研究目标
- 每位组员找出一个影响家族企业寿命的因素

分析关系：
- 分析企业寿命与这种因素的关系（正比 / 反比）
- 查找能证明自己观点的数据、理论或案例

口头 / 书面报告：
- 研究背景（国家、前人研究）
- 观点及证据
- 总结及建议
- 参考资料（资料出处和数据来源）

第七单元　人力资源

从下面的图片来看，企业运转的动力从何而来？如何维持这个动力？

人才是企业的第一资源，也是企业发展的核心动力。人力资源管理是现代企业管理的关键问题之一。

在人力资源管理的研究和实践中，常常需要比较各企业的管理策略和方法。对比事物、说明异同是商务人士应具备的基本能力。在本单元，我们将围绕这一能力展开学习与训练。

能力项目　说明商业事物的异同

商务词语　掌握股票的量词

掌握表示“职位变动”的动词

专业知识　理解员工持股计划与股权激励的含义和差异

了解危机时刻的人才管理方式

背景知识　了解中外企业人力资源管理案例

第 13 课　员工激励

1 热　身

听力理解

根据对话，说说下列措施中，哪些针对高管，哪些针对普通员工，哪些针对所有员工。 13-1

A. 时常公开地口头表扬

B. 公司补贴购买或租赁住房

C. 评选并奖励表现优秀的人才

D. 提供技术、技能培训

E. 可以以优惠的条件购买公司股票（股权）

F. 业绩达到目标后，按比例分享公司利润

G. 服务满一定年限后公司发放奖金

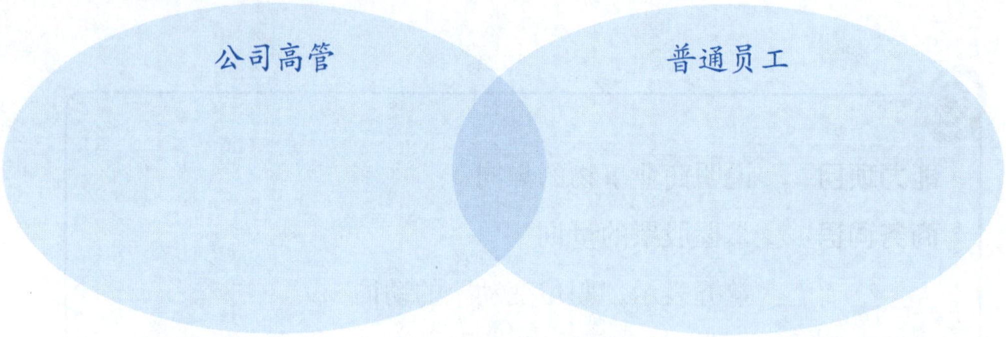

2 课　文

员工持股计划与股权激励的不同 13-2

“员工持股计划”和“股权激励”都属于特殊的报酬计划，都是为了吸引、留住和激励公司员工。今天我们主要讲讲员工持股计划与股权激励的不同。

第一个差别是员工获得的特殊报酬的来源不同。我们知道，股权激励有两种形式。一种叫“期权”，就是公司规定员工可以用现在的价格在未来的某个时间购买公司股票。比如今年的股价是 10 块钱，明年是 20 块，我允许你在明年用 10 块钱买，就用这个差价来激励你，当然这里有一个潜在的前提是将来股票会涨。还有一种形式是“限制性股票”，比如现在股票在市场上卖 20 块钱，我现在打对折 10 块钱卖给你，这个差价就是激励的来源。

再说员工持股计划。根据中国证监会的规定，员工持股计划里的股票是平价股票，比如现在的股价是 10 块钱，我就按 10 块卖给员工。大家肯定会问一个问题：这样有什么激励效果呢？通常情况下，员工持股计划里会有配套的措施，比如说员工花 10 块钱买了一股股票，控股股东会再送给员工一股，作为给员工的激励。

另外还有稍微复杂一点的员工持股计划。你买一股，我再借钱给你多买几股，利息固定甚至不收利息。假定这个股票将来大幅上涨，你把钱还给我以后，多出来的就是你的了，激励就从这里来。

第二个差别是针对的对象略有不同。员工持股计划主要面向基层员工，一般来说管理人员不超过 10%。而股权激励的对象，根据《上市公司股权激励管理办法》第八条，“可以包括上市公司的董事、高级管理人员、核心技术人员或者核心业务人员，以及公司认为应当激励的对公司经营业绩和未来发展有直接影响的其他员工”，主要是针对高管和核心人员的。

搞清楚这两种激励方式的差别，我们就明白在实际操作中，面向高管或者核心人员最好用股权激励方案，激励主要来自现在和未来的股票差价或者现在股票的折扣。如果面向基层员工就用员工持股计划，激励不仅来自现在和未来的股票差价，还有扩大员工收益的配套措施。

（改写自《新三板董秘工作实务——资本战略设计》，主讲人：饶钢，进门财经董秘实战系列课程）

词语表

13-3

1. 员工　yuángōng　名　职员和工人。

　　让员工持有自家公司的股票，可以调动他们的工作积极性。

2. 持股　chígǔ　动　持有股票或股份。

　　一些国企开展了员工持股改革，以提高员工待遇。

3. 激励　jīlì　动　激发，鼓励。

　　企业如何用股权来激励人才？

4. 报酬　bàochou　名　由于使用别人的劳动、物件而付给对方的钱或实物。

　　索尼公司的前任总裁平井一夫在任期的最后一年共获得了27亿日元的报酬，折合人民币约1.58亿元。

5. 来源　láiyuán　名　事物的根源。

　　劳动者的报酬来源主要有工资收入、实物报酬、社会福利等。

6. 期权　qīquán　名　事先约定日期，按双方商定的价格买卖某种特定商品、证券等的一种交易权。

　　期权激励是对员工进行长期激励的一种方法。

7. 潜在　qiánzài　形　存在于事物内部不容易发现或发觉的。

　　这家公司有成为独角兽的潜在条件，但关键在于企业领导是否有能力发现这些优势条件，把握机遇，顺势而上。

8. 前提　qiántí　名　事物发生或发展的先决条件。

　　笔记本电脑的优势是可随时随地办公，但有一个前提就是要有电。

9. 对折 duìzhé 名 一半的折扣，五折。

离中秋还有一周，很多品牌的月饼开始降价促销，最低可打对折。

10. 平价股票 píngjià gǔpiào 以票面金额作为发行价格的股票。

平价股票有确定的票面价格，并且以这个价格作为发行价。

11. 股 gǔ 名 集合资金中的一份（多用于股票）。

巴菲特买入美国银行的 7 亿股股票，成为其最大的股东。

12. 大幅 dàfú 副 较大幅度地。

国际能源署（IEA）预测油价不会像去年那样大幅上涨。

13. 基层 jīcéng 名 各种组织中的底层。

作为基层员工，我也是从新闻里了解到公司和百度合作的消息的。

14. 上市公司 shàngshì gōngsī 公开发行股票并上市交易的股份有限公司。

本届论坛邀请了 50 余家上市公司的领导及财务负责人。

15. 条 tiáo 量 一个（分列的项目）。

公司法、劳动法、合同法的第一条都规定了立法的目的。

16. 董事 dǒngshì 名 由股东选举产生的管理公司业务活动的人；董事会的成员。

我们公司的董事会由 8 位董事组成。

17. 折扣 zhékòu 名 （在标价的基础上）按比例降价出售的方式。

这几款汽车现在的折扣力度相当大，直降万元。

专有名词

中国证监会 Zhōngguó Zhèngjiānhuì 中国证券监督管理委员会（China Securities Regulatory Commission，CSRC），负责监督管理中国证券期货市场的政府机构。

3 练习

一、根据词语和拼音，选择正确的汉字填空。

拼音	词语	选项
chou	报（　　）	仇　酬
chí	（　　）股	特　持
yuán	来（　　）	原　源
dǒng	（　　）事	熏　董
zhé	对（　　）	折　拆
jī	（　　）励	激　缴
quán	期（　　）	权　杈
jī	（　　）层	基　其

二、选择恰当的词语完成下面这段话。

手　只　股

在沪市和深市，一______股票统一为100______。而港股的情况相对复杂一些，一______股票可能是100______、200______或者500______，每______股票的情况可能会不一样。

语言知识

只　股　手

只："一只"股票表示一种股票。一家公司上市意味着市场上多了一只股票。

股："一股"股票就是一份（股票）。根据一家公司资本量和每股的发行价可以确定发行多少股股票。

手："一手"是股票交易的最低限额，每个市场的规定不一样。根据中国上海证券交易所和深圳证券交易所的规定，一手等于100股。也就是说，买一只股票，每次至少要买100股，也即一手。

三、选择恰当的词语，完成下面的句子。（注意与加点词语的搭配）

激励	期权	平价	董事	条	大幅
持股	报酬	对折	折扣	潜在	基层

1. 这家保险公司编制虚假财务资料，其行为违反了《中华人民共和国保险法》第八十六________第二款的规定。
2. 福星股份的第一期员工________计划购入公司股份4166.35万股，两年后股价上涨加上现金分红，其收益率达到37.9%。
3. “双十一”期间各家电商的________力度很大，有的商品甚至一折出售。
4. 深圳发展银行最初发行股票时，每股面额为20元，发行价也为20元，这就是股票的________发行。
5. 对于企业管理者来说，________员工“流动性大、忠诚度低”是一个普遍的问题，提高他们的工资待遇是一个有效的解决方案。
6. 股权________有很多不同的方式，赠予公司高管或核心技术人员免费的干股是其中的一种。
7. 他在最近一次的股东大会上被任命为公司的________。
8. 律师通过为当事人提供法律服务，获取相应的________。
9. ________激励的目的在于激发和调动公司高层管理人员的积极性，激励其通过努力工作提升公司内在价值，进而提高公司股价，从中获得自身收益。
10. A股市场实现了新股发行常态化，审核周期________缩短，审核效率明显提升。
11. 为了清理库存，公司决定将部分产品打________出售。
12. 糖果需求旺季即将到来，糖果公司正在采取措施，消除可能导致糖果短缺的________因素，以保证市场供应。

四、用指定的词语描述图片或图表。

1. 持股、基层、报酬

2. 激励、上市公司

3. 折扣、大幅、对折

4. 上市公司、平价股票、大幅

天马公司股票信息	
上市日期	1995-12-07
每股面值（元）	1
每股发行价（元）	1
今日收盘价（元）	52

五、找出下列句子的主干。

1. 公司规定员工可以用现在的价格在未来的某个时间购买公司股票。

主干：______________________________

2. 根据中国证监会的规定，员工持股计划里的股票是平价股票。

主干：______________________________

3. 你把钱还给我以后，多出来的就是你的了。

主干：______________________________

4. 激励对象可以包括上市公司的董事、高级管理人员、核心技术人员或者核心业务人员，以及公司认为应当激励的对公司经营业绩和未来发展有直接影响的其他员工。

主干：______________________________

5. 激励主要来自现在和未来的股票差价或者现在股票的折扣。

主干：________________

六、将下面的句子改写为口语体。（加点的部分必须替换为口语词语）

1. 这个差价就是激励的来源。

____

2. 假定这个股票将来大幅上涨，你把钱还给我以后，多出来的就是你的了。

____

3. 第二个差别是针对的对象略有不同。

____

4. 员工持股计划主要面向基层员工。

____

七、根据课文完成练习。

1. 将下面的词语与对应的意思连起来。

期权	按股票的票面价格出售的股票
限制性股票	用现在的价格在未来的某个时间购买股票的权利
平价股票	按股票市场价打折出售的股票

2. 根据课文内容，完成下面的表格。

主要方面	激励方式	
	员工持股计划	股权激励
性质		
目的		
适用对象		
主要形式		
激励来源		

八、读后分析。

1. 员工持股计划和股权激励的不同表现在几个方面？课文是用什么句式来说明的？

____

____

2. 课文用什么句式来说明每个方面具体有哪些差异？

____

____

4 能力训练

语言能力　说明商业事物的不同

经济研究和商业分析经常用到比较法，既要研究商业事物之间的共同点，又要分析它们的差异。

分析差异，常常要对不同事物进行对比，并说明差异表现在哪些方面。

对比的角度、方面

- ……（方面）不同
- 差别是……
- 从……角度对比……

（1）第一个差别是员工获得的特殊报酬的来源不同。

（2）第二个差别是针对的对象略有不同。

（3）我们从跟投、分配、清算、退出等角度来对比 4 家公司的合伙人制度。

更重要的是就某个方面，具体说明事物各自的特点。在描述 A、B 两种事物的情况时，常用相同或相似的句式、结构，以突出不同点。

具体差异、各自的特点

- A……，而 B……
- A 和 B 的区别在于……
- A……，B……（A、B 用相同或相似的句式描述）
- A 比 B 更……/A 的……高于 B（程度上的差异）

（4）员工持股计划主要面向基层员工，而股权激励对象主要是高管和核心人员。

（5）投资股票和债券的最大区别，就在于购买股票的投资者是股东，而购买债券的就是“债主”。

（6）如果你的朋友搞了个网站找你参股，那就相当于让你买他网站的股票；而要是他找你来借钱的话，就类似于让你买他网站的债券。

（7）一般情况下，正式工的薪资待遇会高于临时工。

练习

一、读后完成练习。

我想到银行工作。听说银行的员工还分正式工和派遣工两种。有什么不同吗？

银行招聘的正式工和派遣工主要在合同签署、薪资、福利待遇以及晋升空间等方面有所不同。

二者最大的区别就是劳动合同签署方不同。劳动合同制员工直接和银行签订劳动合同，而劳务派遣制员工是和劳务公司签订劳动合同，然后由劳务公司派到银行工作。

从薪资待遇的角度来看，一般情况下，正式工的薪资待遇会高于派遣工。还有一种情况是二者的基本薪资一样，但是绩效奖金是有所不同的。

第三个差别表现在福利待遇上。正式员工的福利待遇就是"五险一金"(社会保险)，外加各种节假日的福利补贴。那么劳务派遣工的福利呢？除了有的保险项目公司缴纳的比例不一样外，正式工有的节假日福利等，派遣工也还是有的。

最后就是晋升空间的问题了。正式员工的晋升发展路线分为两种：一种是营销路线（客户经理），从客户经理助理做起，之后转为客户经理，再之后就是往管理层发展了；第二种路线是运营路线（柜员），银行提供转岗机会，因此柜员有两种发展路径，一是营销路线，二是办公行政方向。

而派遣工首先要做的是"转正"，也就是通过绩效考核和考试等渠道转为正式工。之后才能进入正式员工的职业发展渠道。

1. 完成表格。

主要方面	正式工	派遣工

2. 本文用了哪些句式来说明对比的方面？

____

____

3. 本文用了哪些句式来说明具体的差异？

____

____

二、根据图片，描述普通员工和优秀员工的差别。

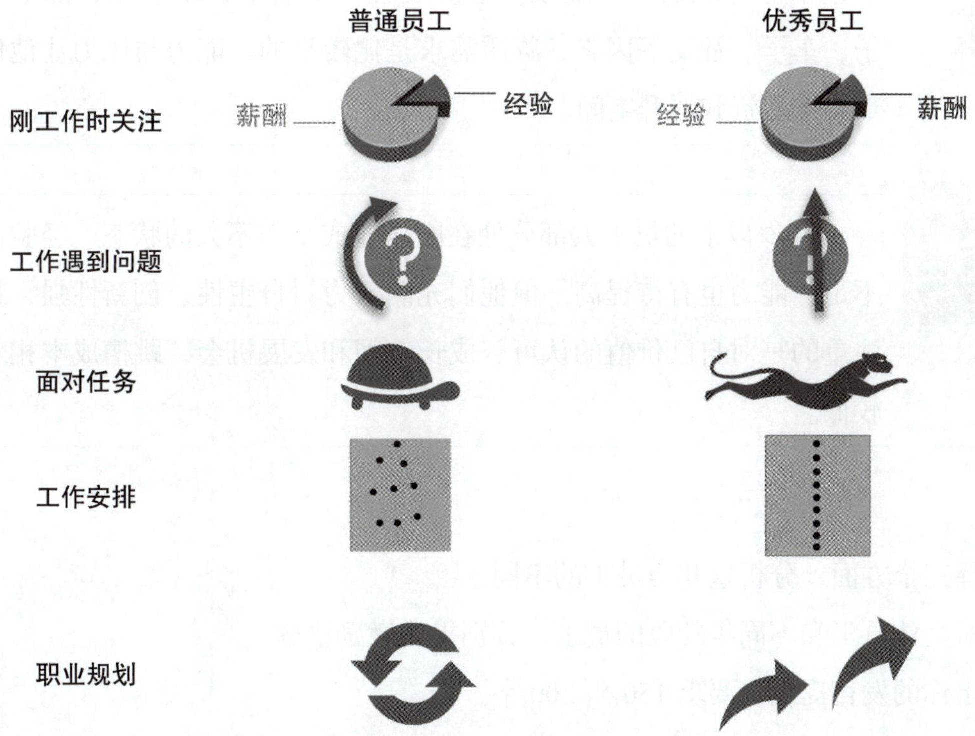

情景任务　拟定员工激励措施

角色：你在某公司人力资源部工作。

情景：你们部门最近要开会讨论如何激励员工努力工作。根据你的调查，公司员工现有以下几类。你想到一些激励他们的措施，打算在会上进行分享。

45岁以上的老员工，他们经验和阅历最丰富，对公司、对行业的认识都比较深，忠诚度较高，但惰性和骄傲心理也相对较强。他们重视地位和声望，希望能够在公司安稳地待下去。

30至45岁之间的中年员工，大多已成为公司的中坚力量。他们基本已经成婚，需要承担家庭责任，上有老，下有小，加上房子、车子、社交等因素，物质需求是比较高的。能力与压力让他们最看重薪资和晋升空间。

30岁以下的员工大部分处在刚毕业或工作不久的状态，经验尚不足，能力也有待提高。但他们充满活力，自主性、创新性强，最注重的是对自己价值的认可、成长空间和发展机会，跳槽成本相对较低。

要求：

1. 选择三个方面，分析这几类员工的不同。
2. 针对全体员工和不同年龄段的员工，分别提出激励措施。
3. 写出你的发言提纲，要求150～200字。
4. 根据发言提纲，在班里 / 组内分享你的看法。

第 14 课　人才管理

1 热　身

小组讨论　危机来了，怎么办?

某城市突然发现一种新型传染病。为防止病毒进一步扩散，人们大都待在家里，尽量减少出门。谁也不知道这种情况会持续多久。下面两家企业因此遇到了员工管理方面的难题。

1. 如果你是老板，会选择哪条路？为什么？
2. 找到与你选择相同的同学，听听你们的理由是否相同。

2 课 文

危机时刻的人才管理 14-1

和任何书面或口头宣传相比，危机时刻的行为和决策更能反映公司对人才的真正态度。为了解卓越的企业在危机时刻如何有效地管理人才，我们对历史上几家企业的做法进行了研究。它们来自不同行业，创立时间不同，规模不一，既有跨国公司，也有本土企业。但其共同之处在于：它们都以企业和员工的双赢为目标，让员工的付出与回报成正比。很多公司在业绩不佳时大幅裁员以降低运营成本，而这些企业却选择和员工共渡难关，即使最终要裁员，也是采取对员工造成最少伤害的方式。

2003 年非典时期，上海的波特曼丽嘉酒店面临有史以来最低的入住率。4 月，入住率从 85% 骤降到 35%。当员工正为收入和工作担心时，管理层首先将自己的工资削减 30%，然后让所有人每周工作五天。5 月，情况变得更糟，入住率仅有 17% ～ 18%。领导层又将工作时间减少为每周四天，让员工提前把年假休完。员工担心危机会使他们不能续约，但公司领导再三保证，只要尽心尽职就一定会被留下。在整个危机过程中，领导层毫不犹豫地与合同到期的员工续约。结果，酒店那一年的员工满意度达到 99.9%。

2000 年，玫琳凯中国公司决定变革订单处理方式，改为网上处理，许多职位因此不得不取消。在实施该计划前，公司已就此项变革与员工进行了充分沟通，同时提供转岗机会。对于最后决定要离开公司的员工，公司给予他们最优厚的补偿。由于玫琳凯对员工表现出的诚意，员工也用超乎寻常的付出来回报公司。例如在南京，为了确保物流公司及时出货，第二天就要离职的员工们自愿在最后一个工作日加班到凌晨六点，将货物全部搬到物流公司。

阿里巴巴也一直强调公司对员工的信任。同样在非典时期，公司出现了一个疑似病例，领导当天决定让所有员工回家工作以度过隔离期。因为行动果断，避免了可能发生的疫情蔓延。公司的关爱和信任进一步激发了员工自主工作的热情，他们通过互联网和电话互相鼓励。让人惊讶的是，员工在家里的工作表现同样优秀，公司当年5月份的收入增长了30%。共同渡过危机的员工之间还形成了一种更为牢固的情感纽带。

这些公司在面临危机之时都对员工不离不弃。虽然具体做法各不相同，但背后传达的信息是一致的：公司重视员工，关心员工。而真正体会到公司诚意的员工，也心甘情愿地全心投入工作，与企业同舟共济。

（改写自《亮出你的人才价值主张》，杨国安、戴华、牛培华，《商业评论》，2008.6）

词语表

14-2

1. 危机　wēijī　名　严重困难的时候。
   去年国内彩电市场总规模萎缩6%，这一数据被视为彩电业进入“危机时刻”的标志。
2. 决策　juécè　名　决定的策略或办法。
   集团的投资决策反映了企业对中国游客消费强劲增长的预期。
3. 跨国公司　kuàguó gōngsī　在国外拥有分支机构或企业的国际性公司。
   哈萨克斯坦农业部与多家跨国公司签署了农业领域合作备忘录，涉及投资规模约1.54亿美元。
4. 正比　zhèngbǐ　名　两个事物或事物的两个方面，一方发生变化，另一方随之变化的关系。与“反比”相对。
   投资不能太贪心，风险与收益永远成正比。
5. 裁员　cáiyuán　动　（机关、企业等）裁减人员，辞退员工。
   瑞士信贷集团大幅裁员，几名主要经理都将离开公司。
6. 入住率　rùzhùlǜ　（酒店管理用语）实际入住客人的房间数与可供房间数的比例。
   不少民宿因为租金上涨、经营不佳而导致入住率低。
7. 削减　xuējiǎn　动　从原来的数目中减去。
   这家汽车公司决定将高层的工资削减10%。

8. 年假　niánjià　名　职工按年度享受的假期。

德国政府鼓励人们休年假，对自动放弃休假的员工不提供经济补偿。

9. 续约　xùyuē　动　合同期满后继续签约。

他决定与球队续约至2025年。

10. 到期　dàoqī　动　到了规定的期限。

如果与员工所签的合同到期了，公司自然会考虑是否续约的问题。

11. 转岗　zhuǎngǎng　动　（在组织内部）转换工作岗位。

事业部总经理将转岗出任销售部副总经理一职。

12. 优厚　yōuhòu　形　（待遇等）好。

他们用行业最优厚的待遇在全球范围内招聘人才。

13. 补偿　bǔcháng　动　抵消（损失、消耗）；补足（缺欠、差额）。

我们公司承诺为被裁员工提供优厚的补偿。

14. 诚意　chéngyì　名　真心。

为了表现诚意，买方不仅自愿支付运费，还主动加价。

15. 出货　chūhuò　动　发出或卖出货物。

春节期间消费需求旺盛，即使企业无法及时出货，订单量仍远超预期。

16. 离职　lízhí　动　离开工作岗位，不再回来。

她已经提交了辞职报告，下个月就要离职了。

专有名词

1. 非典　Fēidiǎn　非典型肺炎（SARS）的简称。
2. 波特曼丽嘉酒店　Bōtèmàn Lìjiā Jiǔdiàn　上海波特曼丽思卡尔顿（丽嘉）酒店（The Portman Ritz-Carlton），位于上海的一家五星级酒店。
3. 玫琳凯　Méilínkǎi　（Mary Kay）一家护肤品和彩妆直销企业。

3 练　习

一、根据词语和拼音，选择正确的汉字填空。

jià 年（　　） 暇　假	cái （　　）员 栽　裁	xù （　　）约 继　续	bǔ （　　）偿 补　礼
yōu （　　）厚 忧　优	lǜ 入住（　　） 率　帝	chéng （　　）意 诚　城	xuē （　　）减 销　削

二、根据词义，找出跟其他词语不同类的那个词。

撤职　免职　升职　降职

辞职　解雇　辞退　裁员

升职　降职　转岗　解雇

离职　免职　辞退　辞职

语言知识

职位变动相关的动词

变动结果	词语	意思	例句
留在公司	转岗	员工转换岗位	你可以选择转岗到别的部门。
	升职	提升职位	她工作出色，已经升职为项目主管。

变动结果	词语	意思	例句
留在公司	撤职	公司除去员工职务（作为处罚）	小心领导撤你的职！ 公司董事长被撤职了。
	免职	公司除去员工职务	财务负责人被免职后仍担任公司董事会秘书一职。
	降职	公司降低员工职务	公司以考核成绩不合格为由将他降职了。
离开公司	离职	员工离开公司	公司的 CEO 已经离职了。
	辞职	员工主动辞去职务	财务负责人已辞职离开公司了。
	辞退	企业与员工解除劳动关系	公司决定辞退你。
	解雇		该项目的负责人已被公司解雇。
	裁员	企业因自身原因辞退一些员工	公司宣布裁员三分之一。

三、选择恰当的词语，完成下面的句子。（注意与加点词语的搭配）

裁员　削减　续约　转岗　诚意　出货　入住率
正比　年假　到期　补偿　优厚　离职　危机

1. 这个小区虽然大部分住房已经售出，但是________却很低，显得非常冷清。
2. 根据劳动法的规定，职工工作满 20 年，可以休 15 天的________。
3. 皇马俱乐部与阿迪达斯________至 2031 年，每年的赞助费达 1.8 亿欧元。
4. 创业是一场残酷的游戏，只有凭借战略、信念与运气才能渡过各种________。
5. 双十一订单量大增，很多店家都无法及时________。
6. 根据公司的人事改革方案，核心员工将可能获得股权，而部分员工将面临________甚至被辞退。
7. 他与俱乐部的合同今年年底即将________，目前双方均没有续约意向。

8. 华为公司在日本的技术研究实验室计划招聘 6～10 名工程师，给应届本科毕业生开出的待遇十分________。

9. 由于自动化技术的应用，全球的很多银行都大幅________。

10. 公司内部管理不善，引起不少员工的不满，已有十几名高管准备要________。

11. 同一型号的手机价格通常与内存容量成________。

12. 公司从北京搬到深圳，部分不愿离开北京的员工将获得优厚的________。

13. 为了表现合作的________，对方公司主动降价 10%。

14. 为了渡过危机，公司今年________了高层的工资。

四、用指定的词语描述图片或图表。

1. 正比

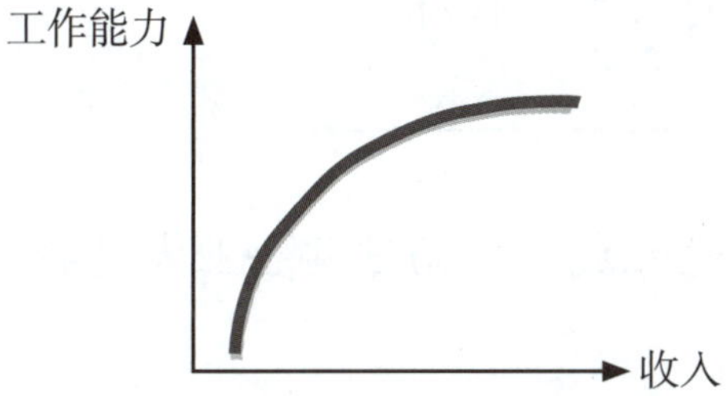

2. 裁员、危机、削减

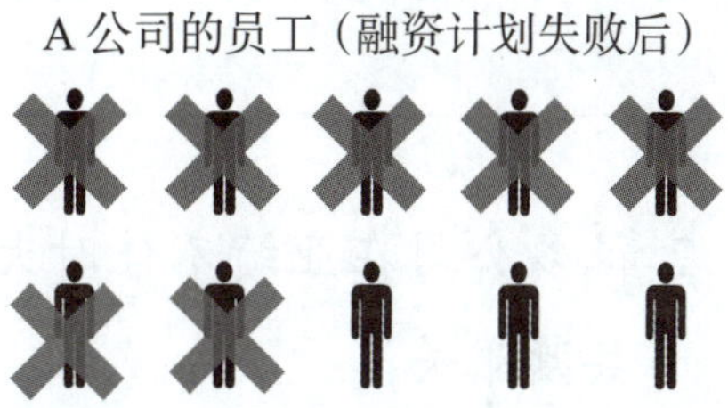

3. 补偿

4. 离职

五、找出下列句子的主干。

1. 和任何书面或口头宣传相比，危机时刻的行为和决策更能反映公司对人才的真正态度。

主干：____________________

2. 很多公司在业绩不佳时大幅裁员以降低运营成本。

主干：____

3. 即使最终要裁员，也是采取对员工造成最少伤害的方式。

主干：____

4. 共同渡过危机的员工之间还形成了一种更为牢固的情感纽带。

主干：____

5. 真正体会到公司诚意的员工，也心甘情愿地全心投入工作，与企业同舟共济。

主干：____

六、将下面的句子改写为口语体。（加点的部分必须替换为口语词语）

1. 其共同之处在于：它们都以企业和员工的双赢为目标。

____

2. 很多公司在业绩不佳时大幅裁员以降低运营成本，而这些企业却选择和员工共渡难关。

____

3. 上海的波特曼丽嘉酒店面临有史以来最低的入住率。

____

4. 4 月，入住率从 85% 骤降到 35%。

____

5. 在实施该计划前，公司已就此项变革与员工进行了充分沟通。

____

6. 这些公司在面临危机之时都对员工不离不弃。

____

七、根据课文完成练习。

1. 选择正确答案。(可多选)

(1) 2003 年 4 月，上海波特曼丽嘉酒店的入住率下降了________。
A. 85%　　B. 35%　　C. 50%　　D. 30%

(2) 波特曼丽嘉酒店应对危机的对策是________。
A. 让部分员工转岗　　B. 削减管理层的工资
C. 与合同到期的员工解约　　D. 减少员工工作时间

(3) 玫琳凯中国公司取消了许多职位，原因是________。
A. 公司战略计划的改变　　B. 公司经营状况不佳
C. 公司线上业务的发展　　D. 公司规模日益缩小

(4) 玫琳凯中国公司在变革中采取的主要方法是________。
A. 与员工充分沟通　　B. 提供转岗机会
C. 给予优厚的补偿　　D. 请求员工加班

(5) 阿里巴巴让所有员工在家工作是因为________。
A. 网络办公的发展　　B. 公司内非典疫情严重蔓延
C. 可以节省时间　　D. 公司内出现非典疑似病例

(6) 阿里巴巴在当年 5 月份收入增长的原因是________。
A. 互联网的快速发展　　B. 公司为员工加薪
C. 市场情况良好　　D. 员工工作热情高涨

(7) 课文提到了三家企业，它们的共同之处是________。
A. 追求企业和员工的双赢　　B. 尽量降低成本
C. 重视和关心员工　　D. 曾遭遇危机

2. 阅读课文，填写表格。

过程	企业		
	波特曼丽嘉酒店	玫琳凯	阿里巴巴
面临的危机			
应对的方法			
最终的结果			

八、读后分析。

1. 课文中的企业有什么共同点？

____

____

2. 作者用哪些词语、句式来说明其共同点？

____

____

3. 课文为什么要具体描述这些公司的情况？

____

____

4 能力训练

语言能力 说明商业事物的相同点

对比不同的事物，描述差异是为了说明各自的特点，分析相同点则是要揭示共性和规律。具体办法有两种：可以概括说明事物的相同点，一般用于总结的时候；也可以逐个描述相似的事物，也就是举例证明共性和规律的存在。

说明相似之处（总括）

- A 和 B 都……
- A 和 B 均……
- 共同之处是……

（1）其共同之处在于：它们都以企业和员工的双赢为目标，让员工的付出与回报成正比。

（2）自 7 月 21 日 24 时起，国内汽油、柴油价格每吨均提高 75 元。

描述相似事物（举例）

- A……，B 也……
- 不仅 A……，B、C、D 都……
- 除了 A，B 也……

（3）上海的波特曼丽嘉酒店……玫琳凯中国公司……阿里巴巴也一直强调公司对员工的投入和信任。

（4）美的和小米联手推出智能空调……不光是美的和小米，传统的厂商都正在忙着嫁接互联网的基因，而互联网企业也正在寻觅实体经济的载体。

练习

一、阅读短文，完成下面的练习。

用利益激励员工，常见的方式有期权和限制性股权。

期权是在条件满足时，员工在将来以之前确定的价格购买公司股权的权利。限制性股权，顾名思义，第一，它是股权，第二，它有权利限制，是有权利限制的股权。

期权与限制性股权的相同点是：从最终结果看，它们都和股权直接相关，都是对员工的中长期激励；从过程看，都可以设定权利限制，比如分期成熟、离职回购等。

它们最大的区别在于成为股东的时间点。对于限制性股权，激励对象在权利开始之时就取得股权，以股东身份参与公司决策管理与分红。相反，期权的激励对象取得股权的时间靠后。只有达到约定条件（服务期限或业绩指标），激励对象掏钱购买股权后，才成为股东。

1. 根据短文，完成表格。

<table>
<tr><th colspan="2" rowspan="2">异同点</th><th colspan="2">激励方式</th></tr>
<tr><th>期权</th><th>限制性股权</th></tr>
<tr><td rowspan="2">相同点</td><td></td><td colspan="2"></td></tr>
<tr><td></td><td colspan="2"></td></tr>
<tr><td>不同点</td><td></td><td></td><td></td></tr>
</table>

2. 把文中说明相同点的句式找出来。

二、思考并描述下列图片中各事物的相同点。

1.

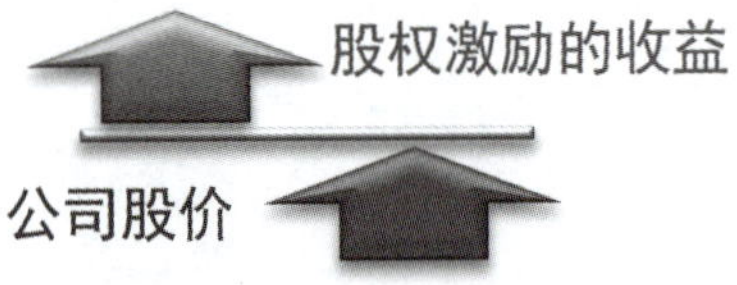

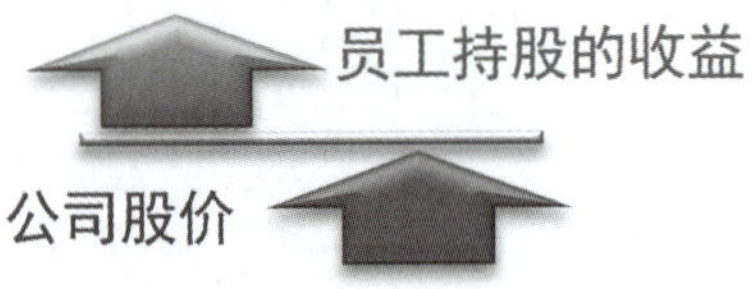

2.

A 公司

B 公司

C 公司

3.

A 公司

B 公司

4.

情景任务 撰写评论文章

角色：你是研究人力资源管理的专家。

情景：你在研究中发现，激励员工可以用经济手段，比如奖金、股权等；也可以用非经济手段，比如表扬、培训、末位淘汰……某经济杂志的“专家谈”栏目邀请你写一篇短文，跟其他专家一起分享你们对各种激励方式的看法。

要求：

1. 选择一种你支持或反对的激励方式。

2. 找出采用这种激励方式的 2 ～ 3 家企业，了解其具体做法及效果。

企业名称 ________	措施： 效果：
企业名称 ________	措施： 效果：
企业名称 ________	措施： 效果：

3. 为了证明你支持或反对这种激励方式的理由，说说这些企业所用措施和效果的相似之处。

4. 字数：300 ～ 500 字。

5 扩展阅读

问题

1. 文章提到了哪几家公司？
2. 这些公司有什么共同之处？
3. 这些公司各自的具体做法是什么？

靠团队而不是靠个人

企业怎样才能最大限度地开发人这种最宝贵的资源？很多人立刻就能回答："重用人才。"这句话的潜台词就是"找出最优秀的员工"。而实际上，许多工作是由普通员工共同完成的。

阿姆科公司的老板吉姆·威尔对此有很深刻的体会。有一次，专家考察了他业绩最好的一家工厂后说："工厂里没有最优秀的员工，只有我们见到过的最好的团队。他们互相合作，每一个人都把功劳归于别人。"自那以后，威尔对用人有了新的看法："以前我们把人才提拔到总部，使他离开了群体，这样做效果并不好。"于是，他决定实施一种新的领导方法：不是最大限度地展示个人才能，而是尽可能地发挥团队的力量，了解谁需要帮助并对其给予支持，在这个过程中，他也不断同员工交流他的做法。这套新的领导方法实施以后，公司所有工厂的利润都实现了大幅上涨。

卡尔森是另一位出色的企业家。正是由于他的管理，美国联合航空公司在几年之内由每年亏损4600万美元变为赢利上亿美元。他同样认识到，只有所有员工成为一个团体，才是对企业经营的最有力支持。没有这种支持，企业家就等于一个没有任何权力的光杆司令。卡尔森的名言是："一家企业的总经理同一位政治家差不多，每个雇员都以自己的工作表现为你投票。"

不光是阿姆科公司和美国联合航空公司，世界知名企业都非常注重团队打造。柯达公司的创始人乔治认为，一个企业的成败在于该企业能否最大限度地动员群体的力量。他创立了一套鼓励职工提出各种建议的奖励制度。据统计，该公司员工提出建议180万个，其中被公司采纳的有60万个。职工因提出建议而得到的奖金每年总计在150万元以上，而这些建议为公司创造了上亿的利润。

号称“经营之神”的松下幸之助也不断向员工灌输“全员经营”的思想。为打造出强大的团队，在每年一月的某一天，他会带领全体职员，目送几百辆货车壮观地驶出工厂。此时每个员工都会为自己是这一团体的一员而感到骄傲。在树立团体意识的同时，松下公司与柯达公司一样建立了提案奖金制度，不惜重金在全体职工中征集建设性意见。

只要人人献出全部智慧，企业何愁发展不起来？若是将员工们打造成一个强大的团队，企业又怎会不战无不胜？

（改写自《周一早晨的领导课》，彼得·舒伯茨，京华出版社）

团队任务

任务说明

分析同一行业内的两家企业在员工激励方面的异同。

任务要求

（1）企业： 选择一个行业，然后从中国和你们国家分别选择一家企业。

（2）措施： 了解这两家企业在员工激励方面的措施。

（3）异同： 对比这两家企业在员工激励方式上的相同和不同之处，并分析原因。

（4）报告： 将全组的观点合成研究报告。

任务步骤

分组

组成小组，确定组长、时间安排及分工等内容

确定对象

确定行业和企业

查找资料，了解两家企业的各种员工激励措施

分析异同

分析激励措施的异同

分析相同点和不同点的原因

口头 / 书面报告

两家企业激励员工的主要措施

对比异同、分析原因

总结及启示

参考资料（资料出处和数据来源）

第八单元　海外拓展

下面的图片表示中国的企业在做什么？企业为什么去往海外？走进异国他乡之后可能发生什么？

随着企业的成长，业务可能拓展到多个行业，还可能跨越多个国家。这是企业的一种发展方向和趋势。

描述企业的发展方向，回顾和预测发展趋势，是商务人士应具备的重要能力。在本单元，我们将围绕这一能力展开学习与训练。

能力项目	描述商业事物的发展方向和趋势
商务词语	掌握表示企业收益的词语
	掌握商务词语结构：走～
专业知识	理解企业并购的含义
背景知识	了解中国企业海外并购的趋势及案例

第 15 课　企业发展态势

1 热　身

听力理解

听材料，完成练习。 15-1

1. 听后填空，了解 W 集团海外拓展的过程。

2. 讨论：从项目数量、地区、产业的角度，分析该集团海外拓展的趋势，并用一张简单的示意图展示给同学看。

第一年

- 在美国以________并购全球第二大院线集团 AMC。
- ____________美国 Rave 院线旗下的 4 家影院。

第二年

- 以 3.2 亿英镑________英国圣汐游艇公司。
- 宣布________7 亿英镑在伦敦兴建超五星级酒店和高档公寓住宅。

第三年

- ________4500 万欧元，收购西班牙马德里竞技足球俱乐部 20% 的股份。
- 收购澳大利亚悉尼两栋商业大厦，计划投资约 10 亿美元________综合性地标项目。
- ________总部位于瑞士的盈方体育传媒集团。
- 投资 1000 万美元，成为韩国特效公司 Dexter 的第二大________。
- ________6.5 亿美元并购美国世界铁人公司。
- 以 22.46 亿元收购 HG 公司，成为澳大利亚第二大电影院线运营商 Hoyts 的________。

第四年

- 以 2.65 亿欧元收购位于西班牙马德里的________。
- 宣布投资________在美国芝加哥建设一座五星级酒店及公寓项目。
- 计划投资 12 亿美元在美国洛杉矶钻石地段建设综合性地标________。
- 并购澳大利亚黄金海岸市的珠宝三塔项目。计划建设超五星级酒店和________。

第五年

- 收购法国拉加代尔体育的耐力部门（包含________与________赛事）。
- 与法国欧尚集团________投资巴黎大型文化旅游商业综合项目。
- 并购好莱坞________整合营销公司 Propaganda GEM。
- 计划在印度的哈里亚纳邦________世界级综合性产业园区。
- 出资________并购美国卡麦克院线。
- 以不超过 35 亿美元________收购美国传奇影业公司。
- 并购欧洲________院线欧典院线（Odeon & UCI）。

第六年

- 与土耳其 Mar Yapı 公司________，负责伊斯坦布尔某酒店的管理，这是 W 集团的第一个品牌输出海外的项目。
- 以 9.3 亿美元并购北欧最大院线北欧院线________。
- ________收购 CGI。CGI 旗下拥有超过 30 个世界级体育赛事。

2 课 文

W 集团的国际化 15-2

我们集团曾有过三次转型。第一次是 1993 年由地方企业转向全国性企业；第二次是 2000 年由住宅向商业地产转型；第三次是从 2006 年开始，从单一房地产转向商业地产、文化旅游综合性企业。当前，我们正处于第四次转型期，从房地产为主的企业转向服务业为主的企业，从中国国内企业转向国际化的跨国企业。

为什么要国际化？一是为了做大企业规模。有些行业的国外市场比中国发达，要做大规模，必须进行国际投资；二是因为我们很早就有国际化志向。为什么我们公司的标识外面要画一个圆圈呢？说明我们刚开始就有志于走向世界；第三是可以规避经营风险。一个国家经济可能有调整期，但全球经济同时出现大调整、大萧条的概率是极低的，而且中国政府也鼓励中国企业在全球配置资源。所以从这几个角度考虑，我们应该走全球化道路。

我们的国际化虽然时间不长，但进展比较迅速，十年里在全球十多个国家的投资额超过 150 亿美元。其中在美国投了 100 亿美元；在英国投了 12 亿英镑，有 2600 多名员工。我们和英国政府还在洽谈一个大的投资项目，希望能尽快落实。

我们有两个目标。一是海外收入大幅增长。现在最新的战略是"2211"目标，也就是企业资产要超过 2000 亿美元，企业市值超过 2000 亿美元，收入超过 1000 亿美元，净利润超过 100 亿美元。真正的跨国企业不仅规模要足够大，而且企业收入至少应有 30% 来自海外。我们的海外收入将达到 100 亿美元左右，离"2211"目标还有不小的差距，还需要持续努力才能实现。第二个目标是成为一流的跨国企业。我们不仅要成为一流的企业，而且要成为一流的跨国企业。如果实现"2211"目标，企业的资产、收入、净利润一定能排在世界前几十名。正因为我们有远大的企业愿景，所以现在还持续保持着快速增长，去年实现收入、资产、利润同比增长 20%。大家觉得增长速度很快，但对我们来讲，这是多年来增速第一次掉到 30% 以下。但总的来看，随着全球经济的重大调整、中国经济增速的放缓，集团的发展速度也降了一点儿，但依然保持着较好的增长势头。

（改写自《牛津大学演讲：万达国际化》，万达集团官网）

词语表

15-3

1. 志向 zhìxiàng 名 （关于将来要做什么事或成为什么样的人的）意愿和决心。

成功的企业家往往有很高远的志向，不会满足于现状，总在努力地创新。

2. 标识 biāoshí 名 表明特征的记号或事物。也写为“标志”。

港交所推出新的公司标识，以象征中国市场与国际市场的连接。

3. 有志于 yǒuzhì yú 有志向（做……）。

本次会议旨在推动中医药国际化，为有志于走向世界的中医药企业提供与国外资源交流的平台。

4. 规避 guībì 动 设法避开；躲避。

保险股板块现阶段还有投资机会，只是需要规避风险和耐心等待。

5. 萧条 xiāotiáo 形 经济衰退、不景气。

第二次世界大战前曾出现世界性经济大萧条，国际贸易锐减 50%，失业率居高不下。

6. 概率 gàilǜ 名 某件事发生的可能性的大小。

研究认为，短期内爆发新一轮国际金融危机的概率较低。

7. 进展 jìnzhǎn 动 事情向前发展。

网络技术创新基地自开工以来，进展迅速，本月底将有 8 栋建筑完成封顶。

8. 洽谈 qiàtán 动 接洽商谈，一般是指商业活动中双方讨论生意。

除了已经投资的法国项目和印度项目，这家来自瑞典的公司还在与 4 个国家洽谈项目。

9. 落实　luòshí　动　使（计划、政策、措施等）具体明确，能够实现。

董事会最关心的是项目现在是否已经落实，特别是资金、人力、设备是否已经到位。

10. 市值　shìzhí　名　按照现时的市场行情计算的价值。上市公司的市值就是股票总价值，计算方法为“每股股票的市场价格 × 发行总股数”。

贵州茅台的股价再创历史新高，市值超过 6000 亿元。

11. 净利润　jìnglìrùn　企业等总收入中除去一切费用和税款、利息等所剩下的利润，也称为“税后利润”或“净利”。

这些医药企业上半年预计净利润将超过 5 亿元，行业整体业绩有上升的势头。

12. 差距　chājù　名　事物之间的差别程度。

这两个品牌原本在市场上并驾齐驱，但从去年开始销量的差距似乎越来越大。

13. 一流　yīliú　形　第一等的。

创新是第一动力，世界一流企业首先要有一流的创新能力。

14. 愿景　yuànjǐng　名　所向往的前景。

企业愿景是企业家对企业未来的设想。

15. 放缓　fànghuǎn　速度变慢。

英国央行表示，第一季度经济增长放缓是暂时的，经济会随着时间的推移而升温。

16. 势头　shìtou　名　事物发展的趋势。

本市经济继续保持良好发展势头，各项经济指标稳定向好。

3 练　习

一、根据词语和拼音，选择正确的汉字填空。

gài	luò	biāo	xiāo
（　　）率	（　　）实	（　　）识	（　　）条
概　慨	落　范	际　标	萧　箫

qià	yuàn	jù	shì
（　　）谈	（　　）景	差（　　）	（　　）头
恰　洽	愿　远	据　距	努　势

二、请在下表中填写钱款对应的项目名称。

收入　毛利　税前利润　成本　净利润　费用　所得税

XX 公司　利润表

项目	行次	金额
一、________	1	500 万
减 ________	2	350 万
二、________	3	150 万
减 ________	4	30 万
三、________	5	120 万
减 ________	6	12 万
四、________	7	108 万

语言知识

与收益有关的词语

收入是企业收进的钱财，是日常活动所形成的经济利益总流入。

利润是生产、交易等的盈利。利润有毛利、税前利润和净利润之分，根据会计学的基本原理，利润的计算有以下过程：

收入－成本＝毛利（gross profit）

毛利－费用＝税前利润（profit before tax）

税前利润－所得税＝净利润（net profit）

从上面的计算公式可以看出，毛利、税前利润和净利润其实表示了计算过程中各阶段的收益。

三、选择恰当的词语，完成下面的句子。（注意与加点词语的搭配）

进展	萧条	落实	概率	市值	一流	净利润
规避	标识	愿景	洽谈	势头	放缓	有志于

1. 我们公司的________已超过 7500 亿美元，可以说是全球“最值钱的公司”。
2. Uber 成立之初，企业的________是打造更快捷的高端服务，在未来替代出租车。
3. 本书详细探讨了哈电集团的成功经验，希望能给________走向全球的企业带来有益的启示。
4. 前 5 个月意大利的皮革制品出口保持着良好的发展________，出口值和出口量分别增长了 15% 和 4.61%。
5. 这款手机在设计上追求极简主义，甚至没有在手机的正反面放置公司________。
6. “分散投资”是________投资风险的方法之一，也就是“别把鸡蛋放在同一个篮子里”。
7. 今年上半年，钢铁行业上市公司总的________超过 230 亿元，同比增长率高达 547%。

8. 20 世纪 20 年代末，美国曾出现经济大________，股票市场暴跌，许多公司、工厂倒闭，失业人口总数达到 830 万。

9. 北京、天津和河北的协同发展战略创造了许多发展机会，三地都希望尽快________合作项目，力争早日完成目标任务。

10. 桂林的二手房交易虽然略有增长，但年内大幅度增长的________很低。

11. 就在工程师们研发新一代火车的同时，德国西门子正在与法国阿尔斯通________铁路业务的合作项目。

12. 过去小米公司的主要市场是中国，但现在其全球化________十分迅速，目前已经进入印度、土耳其等国。

13. 从黄浦江岸到国际舞台，复星医药正致力于成为全球医疗健康市场里的________企业。

14. 今明两年全球经济增速将持续________，去年强劲反弹的势头已经消失。

四、用指定的词语描述图片或图表。

1. 标识、愿景

2. 市值、势头

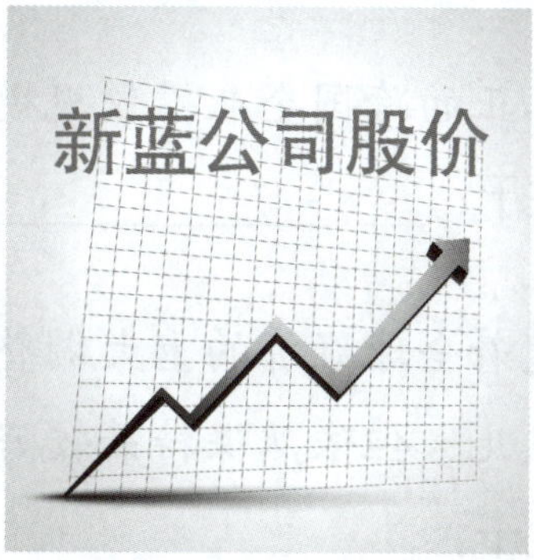

3. 萧条、概率

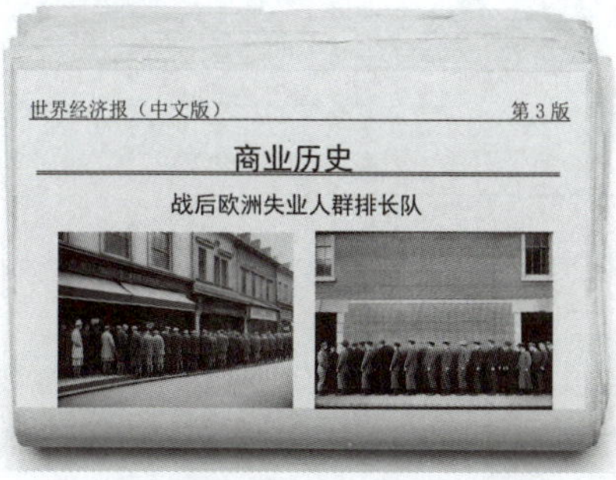
世界经济报（中文版）　　第 3 版

商业历史

战后欧洲失业人群排长队

4. 洽谈、落实

五、找出下列句子的主干。

1. 我们正处于第四次转型期，从房地产为主的企业转向服务业为主的企业。

   主干：________________________________

2. 全球经济同时出现大调整、大萧条的概率是极低的。

   主干：________________________________

3. 十年里在全球十多个国家的投资额超过 150 亿美元。

   主干：________________________________

4. 真正的跨国企业不仅规模要足够大，而且企业收入至少应有 30% 来自海外。

   主干：________________________________

5. 随着全球经济的重大调整、中国经济增速的放缓，集团的发展速度也降了一点儿，但依然保持着较好的增长势头。

   主干：________________________________

六、将下面的句子改写为口语体。（加点的部分必须替换为口语词语）

1. 第二次是 2000 年由住宅向商业地产转型。

   ____

2. 当前，我们正处于第四次转型期。

   ____

3. 我们刚开始就有志于走向世界。

____

4. 随着全球经济的重大调整、中国经济增速的放缓，集团的发展速度也降了一点儿。

____

七、根据课文完成练习。

1. 请将这家企业的转型过程填入下表。

次序	时间	转型方向
第一次		
第二次		
第三次		
第四次		

2. 这家企业为什么要国际化？

____

____

3. 这家企业国际化的两个目标分别是什么？

____

____

4. “2211” 目标的具体内容是什么？

____

____

5. 近几年这家企业的发展速度和趋势如何？

____

____

八、读后分析。

阅读课文第一段，写出该企业发展方向的变化，以及课文用来分析说明变化的语言结构。

A. 住宅　　C. 商业地产　　E. 跨国企业　　G. 服务业为主　　I. 综合性企业

B. 中国企业　　D. 地方企业　　F. 单一房地产　　H. 全国性企业　　J. 房地产为主

[　　　] → [　　　]　语言结构：______________

[　　　] → [　　　]　语言结构：______________

[　　　] → [　　　]　语言结构：______________

[　　　] → [　　　]　语言结构：______________

[　　　] → [　　　]　语言结构：______________

4 能力训练

语言能力 描述商业事物的发展方向

商业事物的某种性质特点在一段时间内朝着某个方向或目标持续地变化，就会形成一种发展态势。我们可以直接描述事物“质变”的方向和态势，如：

出现 / 呈现……趋势 / 势头；趋于……；日趋……+ 方向 / 目标

（1）中国企业海外并购出现一个新趋势，即民营企业逐渐成为并购主体。

（2）中国企业海外并购过热的现象降温，对外投资结构趋于优化。

（3）目前马来西亚的房价已经大幅上涨，投资趋于饱和。

（4）中国企业海外投资日趋常态化。

从 / 由……转向……

（5）我们集团正从中国国内企业转向国际化的跨国企业。

也可以通过说明某种性质的开始、持续和结束，来描述发展方向，如：

已经开始……；处于……；不再……

（6）消费者已经开始在网上购买汽车，这一趋势会随着汽车电商渠道的开拓而进一步突显。

（7）我们正处于第四次转型期，从中国国内企业转向国际化的跨国企业。

（8）中国企业的并购不再局限于欧美等发达地区，非洲、南美等区域的优质项目也吸引着越来越多的中国投资者。

另外，预测或说明未来的趋势和方向时，要注意助词的使用。如：

（9）消费者已经开始在网上购买汽车，这一趋势会随着汽车电商渠道的开拓而进一步突显。

（10）快递业的发展将呈现出新的趋势：大公司会变得越来越大，而小公司最终将被淘汰。

练习

一、阅读短文，完成下列练习。

中国快递业在经历高速增长的同时，整个行业的格局也在发生巨大的变化，未来，快递业的竞争和发展将呈现出新的发展趋势。

从比拼价格到________

近年来，快递业价格战同质化竞争越来越激烈。快递业呈现出微利、无利甚至亏损的趋势。比拼价格越来越难以带来实际的利润，提高服务品质和运营效率，改善用户体验，才是可持续发展之道。

从国内布局到________

在电子商务强劲增长的驱动下，随着中国国民消费的升级，海外交易掀起热潮。为了突破国内市场的微利困境，各家快递公司纷纷将目光瞄向海外。

顺丰率先成立了国际电商事业部，目前其递送业务已覆盖241个国家和地区，并建设了数十个全自营的海外仓，覆盖北美、欧洲、俄罗斯、澳大利亚四个主要市场。百世汇通也开通了全球国际快件业务，覆盖两百多个国家和地区。圆通也随后开启海外直购业务，覆盖18个国家和地区。申通也较早地成立了海外事业部，大力发展国际网络，现已拓展至38个国家和地区。

从单一配送到________

在与电商、物流、制造等行业协同与融合的过程中，快递服务的模式发生了根本性的改变，服务功能得到极大拓展。快递企业已不再单纯提供从厂商到经销商和消费者之间的简单的运输和配送服务，而是进一步拓展至采购、仓储、理货、金融等领域。向综合物流服务商转型，已成为快递业不可逆转的发展趋势。

（节选并改写自《快递业未来的十大发展趋势》，徐颖，《中国邮政》，2016.8）

1. 根据各段话的主要意思，将短文中的小标题补充完整。
2. 价格战带来了怎样的发展趋势？

____

3. 顺丰、百世汇通、圆通等企业的例子说明了什么？

____

____

4. 快递企业的发展态势出现了怎样的方向性转变？

____

____

5. 在文章中找出描述趋势的词语、句式。

____

____

二、选词填空。

不再　　呈现　　逐渐　　越来越

中国企业海外并购主要________三大趋势：首先，中企并购发生的区域________局限于欧美等发达地区，非洲、南美等区域的项目吸引了________多的中国投资者；其次，从并购投资的主体看，国企不再是主角，民营企业________成为并购主体；再次，从并购标的上看，________以传统的能源、矿产等资源为主，以品牌和技术等为目标的并购________增加。

将　　会　　方向　　转向　　流向

这几年，中国对"一带一路"沿线国家的直接投资主要________新加坡、印尼、泰国、马来西亚、越南、菲律宾等国家和地区，投资的主要________是金属和能源开采、制造业、基础设施，还有橡胶制品。中国企业走出去的模式正在逐步由产品 / 企业走出去________产业集群走出去。

长期来看，中国企业海外投资趋势不可逆转。预计中国企业海外投资仍然有旺盛的需求，亚洲区域内经济往来________更为密切，中国对于东南亚的直接投资和并购都________持续增加。

情景任务 撰写研究报告

角色：你是某金融机构的投资分析师。

情景：你的研究团队正在研究两家大型 IT 企业的国际化投资历程。你看到了它们在某一年的海外投资主要项目，准备研究之后向团队报告。

A 公司

- 美国电影、电视和数字内容制作公司 Amblin Partners
- 韩国娱乐公司 S.M. Entertainment
- 以色列 AR（增强现实）技术公司 InfinityAR
- 美国位置智能服务供应商 PlaceIQ
- 美国电商团购网站 Groupon
- 新加坡电子商务公司 Lazada
- 美国电子商务搜索引擎开发商 Twiggle
- 美国拼车软件 Lyft
- 美国 AR（增强现实）技术公司 Magic Leap
- 美国生物识别技术公司 EyeVerify
- 泰国第三方支付、企业小贷公司 Ascend Money
- 印度移动支付和商务平台 Paytm
- 美国太空虚拟现实技术公司 SpaceVR

T 公司

- 美国太空探索、开采公司 Planetary Resources
- 瑞典游戏开发及发行商 Paradox Interactive
- 美国食品基因组数据平台 Clear Labs
- 韩国娱乐经纪公司 HB Entertainment
- 美国手游语音交流 APP 开发商 Discord
- 美国游戏开发商 VC Mobile Entertainment
- 美国女性表达和交流的社区网站 Women.com
- 美国人工智能和机器学习研发平台 Petuum
- 美国娱乐、运动及时尚公司 WME | IMG
- 尼日利亚电子支付平台 Paystack
- 印度在线旅游公司 Ibibo Group
- 芬兰游戏开发商 Supercell
- 美国太空飞行硬件公司 Moon Express
- 美国医疗救助资金的众筹平台 Watsi
- 美国商业智能软件公司 Skymind
- 韩国娱乐公司 YG Entertainment
- 美国 SDN 芯片公司 Barefoot
- 泰国门户网站 Sanook
- 印度社交通信软件 Hike
- 美国可穿戴智能设备公司 Meta
- 美国游戏视频直播软件 Kamcord

要求：

1. 分别从行业、地区的角度分析 A 公司和 T 公司的重点投资方向。

A	T
投资的地区：	投资的地区：
投资的行业：	投资的行业：

2. 总结两家公司的总体投资趋势（投资集中在哪些地区、行业）。

主要地区	主要行业

3. 时间：2～3 分钟。

第 16 课　公司的国际化

1 热　身

双人活动

根据图表，描述中国企业海外并购的交易金额和数量的变化趋势。

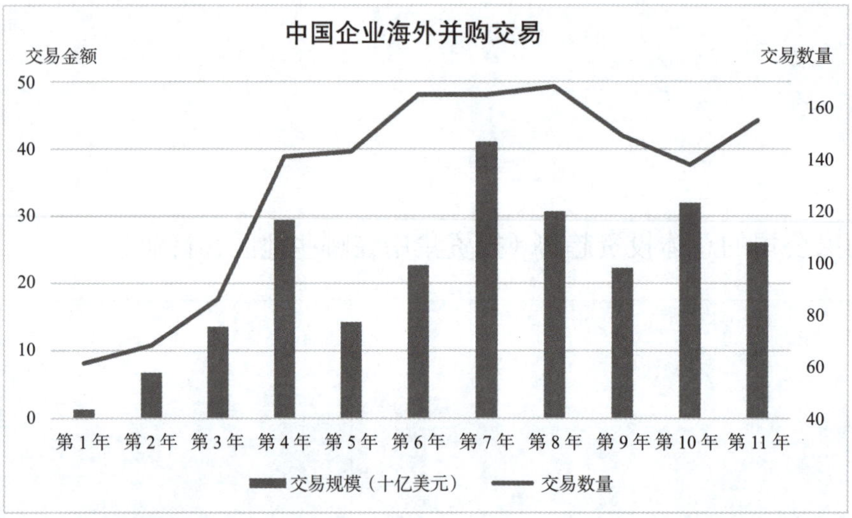

交易金额

交易数量

2 课 文

中国企业"走出去" 16-1

自2001年加入WTO，中国在世界制造业尤其是中低端制造业占据了重要地位。除了进口原材料，更多中国企业开始考虑直接并购国外的资源型企业。据统计，2004—2014年，能源和资源型并购在海外并购交易累计总额中占比超过40%，以原材料、能源和矿产资源为并购目标的"传统经济"占据绝对主导地位，其主要目的是支持国内工业生产。

国外的广阔市场与先进技术也吸引着众多企业参与进来，分享全球化的红利，其中不乏民营企业的身影。它们在一次次并购的经验和反思中逐渐成长。2008年金融危机期间，全球资产价格走低，中国企业的海外并购继续保持增长。国有企业在能源资源行业发起多起重大并购案，目标地区遍布亚洲、北美、欧洲等地区。

然而，从2014年开始，中国企业海外并购出现结构性变化。为了使经济增长动力向消费转变，以技术和品牌为目标的"新兴经济"并购交易占比迅速增长至70%左右，而此前这一比例仅为不到40%。从细分行业看，采矿与金属行业和石油行业的占比一路下降，取而代之的是金融、汽车与运输等服务型行业。有的企业还在娱乐、体育、旅游等行业大举并购。

伴随行业结构和战略目标变化的是并购主体和地区的转移。活跃在各个行业的民营企业成为海外并购的主力。相应地，拥有更为成熟的市场、技术和管理经验的北美及欧洲的发达国家，成为中国企业更为青睐的热门地区。而近年来中国企业对韩国的投资兴趣也明显地大幅增加。

此外，中国企业的融资方式也越来越多样化。2016年，38.1%的交易有私募基金和资产管理公司的参与，是2015年的两倍多。民间资本的参与是这个阶段的又一新特点。

最近几年，受全球经济下行的影响，中国企业的海外并购趋于谨慎，交易总金额和数量明显回落，但总体上仍保持之前的特点。在这个阶段，中国企业正在通过海外并购整合全球资源，连接起东方与西方，连接起发达国家与发展中国家。

（改写自《中国企业“走出去”：海外并购的艰与险》，韦祎、杨燕、欧阳辉，《财经》2017 年第 11 期）

词语表

16-2

1. 并购　bìnggòu　动　用购买的方式兼并。

在股东年会上，他对于公司要投资和并购什么样的企业进行了解答。

2. 占比　zhànbǐ　名　（数量）占总数的百分比。

上海已经成为全球金融机构最集中的城市之一，外资金融机构占比超过30%。

3. 矿产　kuàngchǎn　名　地壳中有开采价值的矿物、岩石等。

矿产资源是工业发展不可缺少的重要能源。

4. 主导　zhǔdǎo　动　决定并引导事物向某方面发展。

旅游业在阿联酋经济中占主导地位。

5. 走低　zǒudī　动　（价格等）向下降。

今日，国内棉花价格走低，较月初下跌 0.45%。

6. 起　qǐ　量　件、次（案件、事件、事故）。

据悉，该集团以 26 亿美元收购全球第二大院线 AMC，这是迄今为止中国在美国娱乐业最大的一起并购案。

7. 金融　jīnróng　名　货币的发行、流通和回笼，贷款的发放和收回，存款的存入和提取，汇兑的往来以及证券交易等经济活动。

对于金融行业来说，无论是新晋科技金融公司，还是传统银行，面临的业务压力都越来越大。

8. 大举　dàjǔ　副　大规模地。

公司上市后可通过大举并购，将企业的规模、市值快速做大。

9. 主体 zhǔtǐ 名 事物的主要部分。

在最新的方案中，这家境外上市公司并不直接参与并购，而是以其在境内的子公司作为并购主体。

10. 青睐 qīnglài 动 用正眼相看，指喜爱或重视（书面语）。

虽然高端旅游服务更好，但市民更青睐价格便宜的普通跟团游。

11. 热门 rèmén 名 吸引许多人的事物。

德国成为欧洲旅游的热门地区，当地酒店客房价格大涨。

12. 私募 sīmù 动 以非公开方式向少数投资者发售证券等募集（资金）。与“公募”相对。

私募基金不论是发售还是信息披露，都不对社会公开，而是面向特定的投资者。

13. 整合 zhěnghé 动 通过整顿、协调重新组合。与“分化”相对。

两家公司通过项目合作整合资源，最终实现双赢。

3 练 习

一、根据词语和拼音，选择正确的汉字填空。

mù	dǎo	hé	lài	jǔ
私（ ）	主（ ）	整（ ）	青（ ）	大（ ）
慕 幕	异 导	和 合	睐 眯	举 奉

二、根据词义，将下列词语分类。

走高	走熊	走弱	走好	走软
走稳	走低	走牛	走强	走热

“↑”的趋势

“↓”的趋势

语言知识

走～

在商务汉语中，“走～”表示趋势走向，具有书面语风格。常用于说明股票、外汇、贵金属、期货市场的行情趋势，或经济的整体走势。比如：

走高	（价格等）往上升	欧股集体上涨，美国科技股走高。
走低	（价格等）向下降	金融危机期间，全球资产价格走低。
走强	（价格等）上升、变得强烈	早盘西藏板块全线走强，西藏矿业等个股走高。
走弱	（价格等）下降、减弱	黄金价格走弱，现在正是买入的良机。

走软	（股票、货币、销售情况）下滑	现货白银今日早盘继续走软。
走热	（市场、商品等）变得流行、热销	中亚地区旅游走热，带动了当地的消费和经济。
走好	（股票、经济）走向好的方向	美联储加息使美元上涨，美国经济趋势走好。
走牛	（行情）持续上涨（牛市）	全球股市走牛，为何只有A股跌跌不休？
走熊	（行情）持续下跌（熊市）	有65只股票股价走熊，其中42只股价跌幅超三成。
走稳	（经济、价格等）保持稳定的趋势	欧盟经济复苏走稳，但仍存在不少挑战。

三、选择恰当的词语，完成下面的句子。（注意与加点词语的搭配）

并购	矿产	主导	青睐	整合	起
主体	占比	走低	热门	大举	私募

1. 由于供应充足而需求减少，近一个月来玉米的价格持续________。

2. 网上超市不断冲击着线下超市，既方便又实惠的网上超市更受年轻消费者的________。

3. 意大利的汽车制动系统生产商布雷博________了西班牙制动系统制造公司西互，曾经的竞争对手现在变成了布雷博旗下的全资子公司。

4. 与公募基金相比，________基金具有高风险的特点，投资者需要具有一定的风险识别能力和承担能力才能购买。

5. 资源________的一个重要法则是利用自己可以支配的资源与他人交换自己所需要的资源，同时也让对方获得所需资源。

6. 成为接班人后，谢国民带领泰国的正大集团________进军中国市场，在中国设立了300多家公司，员工超8万人，总投资超1100亿。

7. 国际货币基金组织（IMF）第一副总裁认为，美国的做法可能会逐渐削弱美元的________地位，并导致国际货币体系更加分散化。

8. 国庆长假国内旅游热度不减，北京、成都、厦门等是旅游的________地区。

9. 英澳矿业巨头力拓集团表示，已与中国五矿集团签署协议，成立合资公司，开发中国的________资源。

10. 如果外卖收入________超过30%，可能意味着门店生意下滑严重，那么你的餐厅就危险了。

11. 在今年的环保市场，并购________以民营上市公司为主，国有企业并购趋势有所放缓。

12. 自去年下半年以来，全球企业并购活动大幅回升。据不完全统计，总价值超过100亿美元的主要并购案达15________。

四、用指定的词语描述图片或图表。

1. 并购、起

2. 走低

3. 整合

4. 热门

5. 青睐

五、找出下列句子的主干。

1. 能源和资源型并购在海外并购交易累计总额中占比超过40%。

   主干：＿＿＿＿＿＿＿＿＿＿＿＿＿＿＿＿＿＿＿＿＿＿＿＿

2. 国外的广阔市场与先进技术也吸引着众多企业参与进来。

   主干：＿＿＿＿＿＿＿＿＿＿＿＿＿＿＿＿＿＿＿＿＿＿＿＿

3. 国有企业在能源资源行业发起多起重大并购案。

   主干：＿＿＿＿＿＿＿＿＿＿＿＿＿＿＿＿＿＿＿＿＿＿＿＿

4. 伴随行业结构和战略目标变化的是并购主体和地区的转移。

   主干：＿＿＿＿＿＿＿＿＿＿＿＿＿＿＿＿＿＿＿＿＿＿＿＿

5. 拥有更为成熟的市场、技术和管理经验的北美及欧洲的发达国家，成为中国企业更为青睐的热门地区。

   主干：＿＿＿＿＿＿＿＿＿＿＿＿＿＿＿＿＿＿＿＿＿＿＿＿

6. 中国企业正在通过海外并购整合全球资源，连接起东方与西方，连接起发达国家与发展中国家。

   主干：＿＿＿＿＿＿＿＿＿＿＿＿＿＿＿＿＿＿＿＿＿＿＿＿

六、将下面的句子改写为口语体。（加点的部分必须替换为口语词语）

1. 国外的广阔市场与先进技术也吸引着众多企业参与进来，其中不乏民营企业的身影。

____

2. 此前这一比例仅为不到40%。

____

3. 采矿与金属行业和石油行业的占比一路下降，取而代之的是金融、汽车与运输等服务型行业。

____

4. 活跃在各个行业的民营企业成为海外并购的主力。

____

七、根据课文完成练习。

1. 判断正误。

（1）中国企业早期的海外并购主要是为了获得资源。（　　）

（2）金融危机期间，中国企业的海外并购持续走低。（　　）

（3）2014年起，中国企业的海外并购出现了结构性变化。（　　）

（4）中国企业海外并购的变化不仅仅表现在行业、目的上。（　　）

（5）民营企业一直是中国企业海外并购的主力。（　　）

（6）欧美地区一直是中国企业海外并购的目标地区。（　　）

（7）在融资方式上，相比2015年，2016年的民间资本的参与增加了两倍多。（　　）

（8）中国企业的海外并购发展过程可以分为三个阶段。（　　）

2. 根据课文，填写表格。

要点	2004—2014 年	2014 年以后
并购目标		
主要目的		
代表行业		
并购主体		
目标地区		

八、读后分析。

读完课文后，有的同学用自己的话说出了他们各自发现的情况。请分析一下：

1. 哪些句子说明了发展方向？用到了哪些语句？
2. 哪些句子描述了发展趋势？用到了哪些语句？

A. 进入二十一世纪后，中国企业对外投资的增长势头强劲。
B. 中国海外并购的主体已经从国有企业逐步转向了民营企业。
C. 近年来中国企业对韩国的投资兴趣明显大幅提升。
D. 能源、资源行业的并购比重一路下降。
E. 服务、文化娱乐行业的并购比重加快上升，行业分布日趋多元化。
F. 中国企业的海外并购不再以寻找资源为主要目的。
G. 欧美成了热门地区，亚洲的比重有所上升，而其他地区的占比相对下降。
H. 中国企业的海外并购趋于谨慎。

4 能力训练

语言能力 描述商业事物的发展趋势

在描述商业事物在数量或程度上持续增减的情况时，如果用柱形图或折线图，可以直观地看到量变趋势的存在。如果用语言描述这种趋势，则要使用与增减幅度、速度有关的句式和词语。

直接描述增减趋势及速度、幅度

- 增长势头……强劲
- ……走低、走热
- 发展……迅速
- 速度……下降

（1）我国企业对外投资的增长势头强劲。（趋势）
（2）2008 年金融危机期间，全球资产价格走低。（趋势）
（3）我们公司的国际化虽然时间不长，但进展比较迅速。（速度）
（4）我们的发展速度降了一点儿，但依然保持较好的增长势头。（幅度）

表示幅度、速度的词语＋表示增减的动词

- 幅度＋表示增减的动词
- 速度＋表示增减的动词

（5）我们公司的海外收入大幅增长。（幅度）
（6）因为有远大的企业愿景，所以现在还保持着快速增长。（速度）
（7）科技服务、消费品行业的并购案比重在加快上升。（速度）

练习

一、找出句中描述趋势的词语或短语，然后说说它们从什么角度描述的趋势。

1. 最近，娱乐行业并购交易数量大幅下滑，医疗及生物科技业的交易增长迅速。

2. 医疗健康领域的投资走热，呈现钱多、人多、价格高的局面。

3. 非理性的对外投资快速增长，给我国的金融安全带来了一定的风险。

4. 公司的主打产品价格上调，带动业绩大幅提升。

5. 周二早盘，沪指小幅拉高，随后快速下跌。

6. 这个品牌在中国市场多年保持高速增长，但今年销量却大幅减少，销售额骤减 42%；相反，在泰国、新加坡、马来西亚和越南等国家的销售却有所增长。

二、阅读短文，完成下列练习。

对于中国企业海外并购的发展过程，研究者的看法存在差异。

有人认为，二十一世纪以来，中国出现了几波小的海外并购潮。从 Thomson One Banker 提供的数据来看，中国企业的海外交易数量从 2004 年开始缓慢增长，2006 年开始加速，2008 年达到一个高峰，2020 年后出现明显回落。前四年间从每年不到 70 起交易增长至近 150 起。较高的交易量维持了一段时间后，2012 年开始下降，2014 年又开始攀升，2020 年受疫情冲击而跌至低点。从交易金额来看，曾经在 2007 年、2010 年、2013 年出现过三个小高潮。可以根据数据的变化趋势，把海外并购过程细分为几个波动阶段。

还有一种看法认为，从长期来看，短时间内的小幅增长还谈不上什么并购热潮。如果要划分阶段，海外并购可以分为加入世贸组织之前和之后两个阶段，其间的并购趋势呈现较大差异。“早期是国有企业主导，以能源、矿产等行业为主，融资和支付方式主要为银行贷款和现金；而后来的并购出现质变，并购主体70%为民企，标的行业以TMT（科技、媒体和通信行业的合称）、房地产、能源、制造业为主，并购的融资和支付方式较此前更多样，股权投资基金也参与进来了。”

1. 两种看法的最大差异是什么？它们的研究角度有何不同？

____

____

2. 第一种看法认为海外并购的发展趋势如何？

____

____

3. 第二种看法认为海外并购的发展方向有什么变化？

____

____

4. 请找出描述发展趋势的词句。

____

____

情景任务 撰写分析报告

角色：你是某金融机构的投资分析师。

情景：你负责研究中国车企的投资趋势。现在准备根据下面的图表，在报告中分析中国汽车企业近四年的投资趋势。

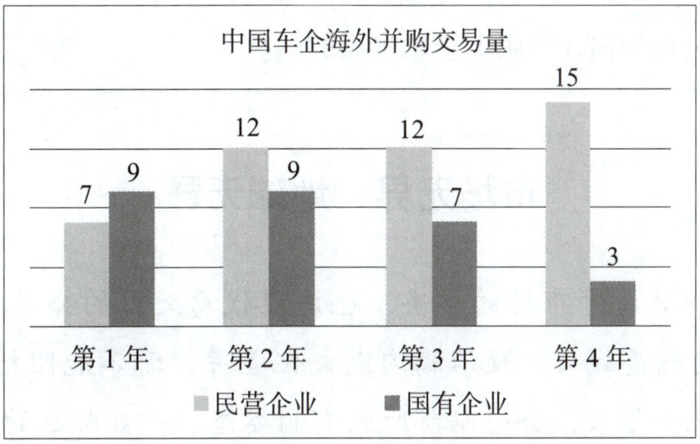

要求：

1. 分别分析民营企业、国有企业的投资趋势。
2. 分析汽车企业的总体投资趋势。
3. 字数：300 字左右。

5 扩展阅读

问题

1. 公司与生俱来的发展趋势是什么？
2. IBM 公司的例子说明企业的发展出现了什么新方向？
3. 在中国和印度，公司的发展出现了什么趋势？
4. 公司如何才能跟上全球发展的趋势？

市场无界　地球无疆

如果不是广阔的海外市场的召唤，也许现代意义上的公司根本就不会出现。400 多年来，天灾或是战火、政治鸿沟或文化差异，都不能阻挡公司与生俱来的向外的冲动。近几十年来，公司以前所未有的姿态、一如既往的力量，穿越民族、国家的边界，扫除建立世界市场的障碍。

早在 2002 年，IBM 公司董事长彭明盛就预见到“跨国公司已经过时，全球整合企业的时代正在到来”。通过全球整合，IBM 在世界各地的数据中心从 155 个减少到 6 个，财务系统从 16000 个减少到 4100 个，采购中心从 300 个减少到 3 个。IBM 总部位于纽约，远在中国上海的全球支付中心和深圳的全球采购中心、吉隆坡的全球财务中心、马尼拉的全球人力资源中心、布里斯班的全球客户服务中心以及设在中国、瑞士、日本、印度等六个国家的研发中心，共同组成了 IBM 的核心。从跨国公司到全球公司，不仅是一个名称的改变，更是一场静悄悄的革命。公司的触角最大程度地深入到世界各个角落。

昔日的巨头忙于全球布局的同时，一股新的力量也在悄然而快速地成长。在未来的 10 年、20 年或 30 年里，贸易将连接起整个世界，你会看到越来越多的中国公司、印度公司发展成为超级巨型公司。

在中国南方，一个年轻的挑战者就格外引人瞩目。迈瑞公司成立于 1991 年，现在已成长为中国最大的医疗器械公司。论资金实力，它远不如通用电气、飞利浦、东芝和西门子等行业巨头，但它凭借持续的产品创新能力被认为是最具发展潜力的中国公司之一。迈瑞公司在美国上市前的十多年中，中国制造已逐渐遍布全球。但是，没有哪个国家会满足于只用廉价商品走向世界。当然，也从来没有哪个公司可以轻松地走进异国他乡。这个世界需要的是那些可以带来创新产品和服务的公司，无论它们来自发展中国家还是发达国家。因此，公司走向世界要带着他人不能提供给消费者的东西，不要为了走出去而走出去。

这是一个英雄不问出处的时代。要在竞技场上长久地保持领先地位，唯有创新。创新组织模式、创新技术，公司已经开始上演全球化时代的变形记。处于矛盾、机会、合作、分歧等种种复杂环境中的公司，在财富、权力、科技、文化等等的合力作用下，还有多少可以被激发的潜能？我们不知道，我们知道的是，未来总在想象之外。

（改写自纪录片《公司的力量》第十集《地球无疆》）

团队任务

任务说明

研究与你们国家有关的海外投资趋势。

任务要求

（1）范围：你们国家的某一个行业。

（2）年限：三年以上。

（3）话题（三选一）：

- 这个行业的海外投资的方向和趋势
- 这个行业中某个企业的海外投资方向和趋势
- 其他国家在你们国家这个行业的投资趋势

（4）图表：用图表体现投资方向和趋势。

（5）报告：将你们的研究分析总结为一份研究报告。

任务步骤

步骤	内容
分组	组成小组，确定组长、时间安排及分工等内容
确定话题	确定国家、行业、话题、年限
进行研究	收集与话题有关的资料和数据 研究资料，分析数据，分析投资方向和趋势 制作图表
口头/书面报告	研究范围（国家、行业、话题、年限……） 海外投资方向 海外投资趋势 参考资料（资料出处和数据来源）

附录1 听力文本

第2课

女：早啊，马克，你今天来得真早。

男：早上好，艾米，你收到王经理发的邮件了吗？

女：收到了。他说这次公司要为FaceTime设计电视广告。你有什么好主意吗？

男：我觉得可以通过一个充满温情的家庭故事，向观众暗示使用这款软件是一种美好的生活体验。

女：这主意不错，用感性的故事触动消费者的内心。那么这家人应该在不同空间，而这款通信软件将他们联结起来了。

男：这样产品和故事的联系会比较自然。故事最好与人生某个重要时刻有关，比如过生日？

女：妻子生日时正好出差在外，丈夫和孩子通过FaceTime给她过生日。怎么样？

男：这个创意很好。对了，还有一个问题，客户要同时在美国和中国宣传，所以最好每个市场能分别拍一个广告。

女：为什么？

男：我主要是考虑到这两个国家的家庭观有明显的文化差异。

女：如果用同一个广告不是可以节省成本吗？

男：可是差异化的广告针对性更强，更能让当地观众接受。

女：那你认为这两个广告应该有多大的不同？

男：故事结构基本一样，只是需要对一些细节进行调整。比如刚才的故事里是妈妈出差，我觉得这个角色在西方社会接受度会比较高。如果针对中国市场，是不是观众更容易接受爸爸出差的故事？

女：你的意思是，都用过生日作为主题，但人物形象有所不同？

男：对，人物的形象、家庭角色、表情动作都要符合当地的文化特点。

女：那应该先了解一下当地的文化特点再设计具体角色。另外，拍两个广告，成本肯定要增加了，不知道客户会不会同意。我建议咱们把这些想法跟同事们讨论一下。

男：好啊，听听大家的看法。

第 3 课

运动是一种普遍的健身形式，也能体现出不同的体育精神。为了提升大众对品牌的好感，提升品牌的知名度，很多体育品牌将体育精神与营销活动结合起来。

比如，中国本土品牌安踏以“超越自我”的运动精神为品牌形象，他们赞助中国运动员参加奥运会等国际比赛，还积极参与篮球等运动的推广活动。

另一个中国本土品牌匹克也非常重视篮球运动。他们不仅为国内的篮球比赛及训练提供支持，还与国外的篮球比赛、篮球队展开合作。另外，匹克还积极成为国内一些排球比赛、自行车赛的赞助商。通过体育营销让“挑战、毅力”的品牌形象深入人心。

李宁这个品牌同样深语体育营销的重要性。为了打造“魅力、亲和”的形象，李宁不仅选择跟国内外多个足球机构和赛事合作，还多次赞助中国男子职业篮球比赛，冠名公路跑步比赛。另外，李宁还赞助了世界羽毛球联合会举办的一些重大赛事。

特步也是中国知名运动品牌之一。这个以“时尚、青春”为形象的品牌已赞助过北京、厦门、重庆等城市的马拉松比赛，是国内赞助跑步赛事最多的品牌。他们还积极参与跟青少年运动有关的公益项目，比如赞助新疆喀什少年足球队。

通过与运动项目的合作，这些品牌的名字和形象被大众牢牢地记住了。这就是体育营销的作用。

第 6 课

有研究将手表市场的消费者细分为三类：将近一半的人重视手表的品质，愿意以较高的价格购买计时更准、更耐用或更好看的手表；另有三分之一的消费者关注价格，想以尽可能低的价格买到能计时的手表；还有超过两成的人看重品牌，想把名贵手表作为礼物送人，他们更重视产品的象征意义或情感价值。

很多著名的钟表公司曾经都以第三类购买群体为目标市场，它们主要制造名贵手表，并通过大型百货商店、珠宝商店进行销售。而前两类消费群体作为市场主体，却没有得到充分重视。后来，一家钟表公司认为这是一个绝佳的商业机会，就制造了一款物美价廉的手表，主要在百货商店、超市等零售市场进行宣传和推销。因为没有什么竞争对手，这家公司很快就获得了较高的市场占有率，成为当时世界上最大的钟表公司之一。